A Psychotherapist's Guide to

DIVORCE

离婚

你准备好了吗？

离婚心理自助手册

刘 昭　马梦捷◎著

中国轻工业出版社

图书在版编目（CIP）数据

离婚，你准备好了吗？：离婚心理自助手册 / 刘昭，马梦捷著. —北京：中国轻工业出版社，2022.8（2022.12重印）

ISBN 978-7-5184-3936-2

Ⅰ. ①离… Ⅱ. ①刘… ②马… Ⅲ. ①离婚－社会心理学－手册 Ⅳ. ①C913.13-62

中国版本图书馆CIP数据核字（2022）第054131号

总 策 划：石　铁
策划编辑：戴　婕　林思语　　责任终审：高惠京　　责任校对：万　众
责任编辑：林思语　　责任监印：刘志颖

出版发行：中国轻工业出版社（北京东长安街6号，邮编：100740）
印　　刷：三河市鑫金马印装有限公司
经　　销：各地新华书店
版　　次：2022年12月第1版第2次印刷
开　　本：880×1230　1/32　印张：7.75
字　　数：90千字
书　　号：ISBN 978-7-5184-3936-2　定价：58.00元
读者热线：010-65181109，65262933
发行电话：010-85119832　传真：010-85113293
网　　址：http://www.chlip.com.cn　http://www.wqedu.com
电子信箱：1012305542@qq.com
如发现图书残缺请与我社联系调换
220112Y4X101ZBW

序

乃敢与君绝

许多来寻求心理咨询帮助的来访者都会面对离婚议题。

他们大多也曾有过“我欲与君相知，长命无绝衰”的憧憬，然而在或长或短的岁月中，憧憬跌落为失望，宠爱变质为厌烦，向往逆转为嫌弃，心心念念的白头偕老也化作难以忍受的伤害折磨，最终让那本应遮风挡雨的亲密关系变成催人逃离的桎梏囚笼。

挣脱这耗竭疲惫的状态，并非易事。

从起念分开，到最终离去，其间往往会经历太多内心的挣扎与生活的阻碍。

作为心理咨询师，在见证过一段又一段离婚经历后，我们一方面为来访者们直面内心、忠于自我，之后挥手告别抑或破镜重圆的勇气感到敬佩，另一方面也更加深刻地理解到专业帮助对这一群体着实重要。

考虑到有太多跋涉在相似旅程上的人群，由于各种客观条件限制，暂时无法获得相关资源，我们尝试撰写了本书，希望可以用通俗易懂、简明可操作的方式，以更高的性价比提供些许帮助。

本书纳入的案例绝大部分是通过具有共同特点的一组案例提炼编撰而成的，极少数有个性化经历的案例都做过深度隐私处理或征得授权。书中理论主要针对多数普通人的婚姻状况：双方有一定感情基础，希望最终能修复关系或以伤害相对较小、相对公允的方案离婚。一些以利益为绝对主体的婚姻、希望扩大伤害或极限剥削对方的离婚方案不在讨论之列。

本书有两位作者，但为方便起见，书中统一使用第一人称单数进行叙述。

“山无陵，江水为竭，冬雷震震，夏雨雪，天地合，乃敢与君绝。”此句既是古人痴情之绝唱，亦能揭露现代人在面临离婚时所需的非凡勇气与智慧。当你开始思考自己的婚姻是否已走向终结时，希望这本小书能够陪伴你度过这最为孤独无措的时光，并同你一道拨开迷雾、落子无悔，让若干年后的你回望如今的选择时，可以会心微笑。

刘　昭　马梦捷

目　录

目 录

Chapter 5
第五章　尝试改变

Chapter 6
第六章　做出选择

导　言

站在人生的十字路口

春花烂漫时，少有人悲秋伤怀；海誓山盟时，少有人思至别离。

道理说来简单，天下没有不散的筵席，相聚分离本就是常有之事。但站在人生的十字路口，面对离婚与否的选择：是继续坚持，忍受确定的痛苦；还是转身离去，面对未知的旅途？哪怕见过诸多故事、听过他人劝说，我们还是常常会煎熬挣扎、焦虑彷徨。

少数人看似快刀斩乱麻，利索地做了决定，但也许这个重大决定过于仓促，留下的除了遗憾，还有隐患；更多人则会纠结拖延、难以抉择，在一次次期望与失望中重复相似的人生场景，直至忍无可忍、转身离去，或是年华耗尽、白发苍苍。

在这个过程中，也许还有许多声音不时回响在我们耳畔，干扰我们的判断：

他/她是不是永远不会改变？

没准再坚持一下他/她就改变了呢？

坚持下去我会不会后悔？

现在放弃我会不会后悔？

换个人是不是就能幸福了？

离婚后我会不会再也“没人要了”？

怎么面对父母的指责？

孩子会不会因为我们离婚/不离婚而踏入歧途？以后会不会恨我？

……

事实上，离婚是如此复杂又重大的议题，可大多数人在面对时却缺乏相应的知识和辅导，因此经常会瞻前顾后、进退失据，甚至做出有违自己本愿、造成巨大损失的选择。

因此，在较为理想的环境中，每对面临离婚的夫妇都应有条件获得三方面的专业帮助：由心理工作者协同夫妻双方尝试梳理、解决关系内的议题，理智做出是否离婚的决定，如果决定离婚则平稳推进相关议程，并完成离婚后的心理重建（包括和前任的告别或相处、和子女的相处、开展新的亲密关系等）；由法律工作者协同解决大部分财产和抚养权问题，作为重要的**底线**保证；在一些特殊情况下（如严重家暴等），由社工、妇联等组织出面对一方或多方进行保护与协助。

在我国现行的法律、文化、制度之下，诉讼的财务成本、时间成本都越来越高，消耗的心力和情感更难以估量，其结果却又相对不可控。与此同时，多数家庭内部仍然具有一定的资源，不管最终离还是不离，都存在不通过诉讼解决关系内议题、争取到**底线以上**利益的可能性。

要达到这一目标并不容易，尤其对已经处于困难时期的夫妻而言，往往需要专业可靠的心理帮扶。如果你正为离婚、分手，或是婚姻中糟糕的体验而苦恼、茫然，但受限于地理位置、经济水平、时间安排等因素，暂时无法寻求一对一或一对二的专业帮助，本书浓缩了业内较有共识的理论，实践中最常遇到的问题及解决策略，能够帮你解燃眉之急。

举例而言（如第 5 页的图 1），当你正面对“离还是不离”的困惑，不知该何去何从时，便可从“离婚对我来说意味着什么”（第一章）这一问题中开始寻找属于你的答案。也许这个答案会让你意识到不必匆匆分手，也许它会让你心中离婚的念想愈发强烈。在后一种情况下，可能有诸多情绪奔涌而来，让你难以理性思考，这时你需要先让自己稳定下来（第二章），再看看在亲密关系中自己究竟有哪些需求（第三章）、哪些资源（第四章）。之后，你可能会发现还未到“山穷水尽”的地步，便着手推进一些改变（第五章）。这些努力也许可以改善关系，也许无法让你如愿。而当生活进行到某个特定节点时，你便需要“拨开”诸多干扰因素，再次审慎地做出自己的选择（第六章）。如果你最终选择离开，那么需要制定有效的策略，坚定地将这一选择推进下去（第七章），直至完成这场分离。等到一切尘埃落定，你还需要与过去好好告别，处理那些未尽事宜，然后开始新的旅程（第八章）。

诚然，离婚的情况千变万化，不可能以一概全，但上述情形中涉及的步骤、环节均有很强的代表性，仔细阅读理解、实践操作、灵活组合后，相信你可以举一反三，找出一套属于自己的方法，解决眼下的难题。

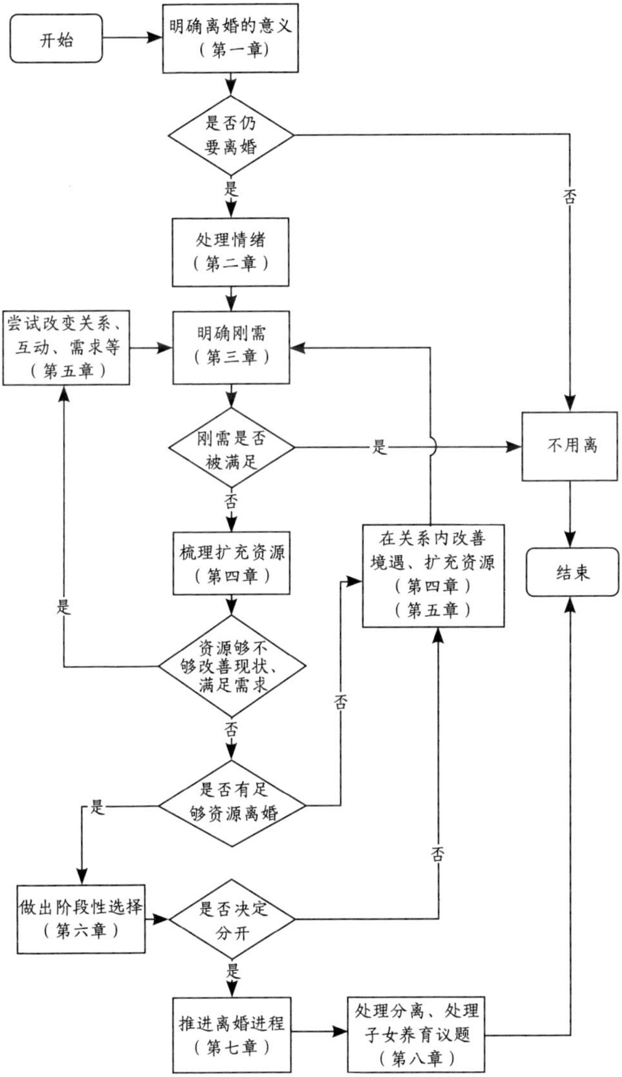

图 1 上述举例中的流程示意

在继续阅读之前，我想先邀请你定个闹钟，计时 3 分钟，然后闭上眼睛，做个深呼吸，问问自己：我做好准备**正视**“可能离婚”这个议题了吗？

如果你的答案是“是的”，那么找支笔，我们开始吧。

1

Chapter

第一章

穿越离婚的表象

许多人面对“是否要离婚”这一议题时会踯躅不前，甚至明知双方感情已经破裂，拖下去也是双输的局面，却仍然无法转身离开。当事人常将这一行为归因于财产、抚养权、子女教育等现实因素，但多数时候，这背后是复杂而隐蔽的心理因素在发挥巨大作用。

面对纠结于离或不离的来访者，我会问他们的第一个问题经常是：离婚**对你而言，**究竟意味着什么？

想明白这个问题，才能继续讨论要不要离，以及如果离应该怎么离。

现在，你可以尝试打开手机录音功能，闭上眼睛，做三次深呼吸，尽量放松，然后让“离婚对我来说意味着什么”这个问题在心中盘旋一会儿，保持放松的状态，等待心底的答案自行浮现。每当冒出新的想法、念头甚至声音、画面，都不用做任何分析，不管它是否合理，只要将它们说出来即可。然后继续问自己，看看会不会浮现出新的答案。直到很久没有新答案了，再睁开眼睛，把你的答案誊录在表 1.1 左侧第一列中（如果浮现的是声音、画面，可以试着自己解读后填入），我们以后会用到。

表 1.1　离婚对我来说意味着什么？（直觉版）

离婚对我来说意味着：	现实吗？	重要吗？
1.		
2.		
3.		
4.		
5.		
6.		
7.		

你的答案令你意外吗？

如果你的答案中包含“离婚意味着我是一个失败者”“离婚意味着我没人要”“离婚意味着孩子再也没有父爱 / 母爱了”“离婚意味着我辜负了父母、伤害了父母”等，这样的想法自然会让你格外畏惧离婚这个选项。

反之，如果你的答案中包含“离婚意味着我再也不会受苦了”“离婚意味着我赢了”“离婚意味着我维护了正义”等，这些想法又可能促使你草率地决定离婚。

答案无所谓对错，但它影响着你后续的一系列决策和行为。因此，明确你内心的答案，并对它们进行适度修正，是非常必要的。

下面，我们讨论一些相对常见的答案。

法律分割及其延伸

法律上的分割（主要是财产和抚养权）是狭义的离婚过程中最核心的部分，通常建议咨询律师的专业意见，或委托其协助处理。

同时，这一分割过程对于每个人的主观意义又不尽相同。比如有人认为抚养权归对方意味着孩子以后会不爱自己，房子归自己会让别人认为是对方理亏，等等。因此，如果你的答案中包含法律上的分割，不妨追问自己，财产与抚养权的划分是否还被赋予了额外意义。

冲突与竞争

在多数家庭中，离婚意味着冲突，有时冲突发生在夫妻二人之间，有时则因出轨对象、双方父母等第三方介入而在冲突的同时引入了竞争感。有些人害怕的是冲突本身，另一些人则难以面对竞争失利的结果，包括与“第三者”的竞争、与父母的竞争等。许多“道理我都懂但就是不敢提离婚”的求助者，都是因为内心无法面对这一议题。

案例1

赵女士的父母都在体制内工作，两人都非常在意自己在同事圈中的“面子”。赵女士性格怯懦，从小被父母在同事面前夸赞听话顺从，不被鼓励表达自己的观点，更不被容许做出稍有越界的举动。求学期间，赵女士没有任何早恋经历，父母为其“省心懂事”颇感自豪。

毕业后，单身已久的赵女士通过父母安排的相亲认识了一位男士。赵女士对他并未感到心动，但她缺乏恋爱经历，也不知道喜欢一个人是什么感觉，就劝自己说也许“不讨厌”就行了。再加上父母认为这位男士的条件和赵女士很般配，于是在他们的主导下，二人走入了婚姻。

婚后赵女士的体验并不好，夫妻间虽然并无口角争吵，却总有种“说了两三句话就觉得没劲，聊不下去”的感觉。赵女士逐渐意识到自己与丈夫间并无相知相惜、互相珍爱的感觉，反而更像住在同一屋檐下的陌生人，共同话题还不如跟单位同事的多。漫长的孤独让赵女士开始考虑在有孩子前赶紧离婚，以免一辈子困在这样的生活里。但对赵女士来说，做出离婚的选择，意味着首次进行重要的自我表达，忤逆父母的意愿，甚至打碎父母非常在意的“面子”。由于从小缺乏在冲突中练习和成长的经验，在赵女士的想象中，由离婚意愿引发的夫妻二人之间的冲突，以及她与家人之间的冲突都将是毁灭性的，自己完全无力承受。想到这一点，赵女士就打了退堂鼓，甚至劝自己“与其面对如此暴烈的冲突，不如一辈子忍受这样的婚姻”。

案例2

蒋女士成长于离异家庭，从小由母亲带大。母亲脾气暴烈，母女关系一直紧张。相较而言，蒋女士对父亲及其第二任妻子印象较好，因此一直认为，父母之所以会离异，是因为母亲不会与人相处。

蒋女士结婚时，其母完全不认可她的丈夫，蒋女士则不顾其反对毅然出嫁。进入婚姻后，蒋女士一直对自己要求很高，学习了很多夫妻相处之道，有问题时会尽最大努力沟通解决。然而，两个人的关系并不能由一个人决定。由于母亲屡屡突破边界、强迫性重复[1]等原因，蒋女士的婚姻最终也走向解体，原本恩爱的双方已近乎仇敌。面对几乎已成定局的离婚，蒋女士却迟迟不愿推进进程。我们在咨询过程中发现，在她心中一直有“我的婚姻要比妈妈的婚姻强”这个部分在隐隐发声，而“离婚”对她来说，则意味着在这场与母亲的竞争中败下阵来，后续还将面对母亲的嘲讽等负面体验。“要比妈妈强”是她长久以来的人生信念，故而她完全无法接受和面对离婚这个选项。

[1] 强迫性重复：见本章末的“延伸阅读”。

案例3

孔先生出生于一个普通家庭，父母在其成长中总体合格。但是从小到大，孔先生的母亲一直将他和别的孩子比较。每次孔先生考了好成绩，其母都会对他说“某某某比你成绩还好”。哪怕孔先生考了第一名，其母都会说“某某某当年成绩比你好”。不仅如此，母亲还喜欢“逗孩子”，她在孔先生小时候经常拿“你是垃圾堆里捡来的，成绩不好我就不要你了啊”逗孔先生，看他要哭了再哈哈大笑。

在这样的成长环境下，恋爱时的孔先生一直为女友“会选我还是选他”而不安，多段恋爱都陷入了三角关系：要么是自己出轨，要么在关系稳定时仍极度关注女友的其他追求者（有时甚至超过了对女友的关注），有时还会对女友格外差，看女友会不会仍然选择他而不是其他追求者——当然，孔先生本人并未意识到这一现象。

长期在这种患得患失的心态下，结婚后孔先生的婚姻已经名存实亡。他与妻子每日争吵，二人也均无意改善关系。之后，孔先生出轨，事发后，妻子提出离婚。孔先生在财产和抚养权上并无争议，可一看到妻子在用社交软件找人聊天，他内心便痛苦不堪，无论如何也不同意离婚，拖得两人都很痛苦。

我们在讨论为何会如此时，孔先生浮现出了诸多“妈妈爱我还是爱别人”以及“妈妈会不会不要我，是不是因为我不好才不要我”的画面，谈论及此，一向以理性自居的孔先生哭得难以自持——正是这两个未被处理的历史议题困住了孔先生和他的伴侣。

调整与重构

离婚的过程，一定会引发生活的调整与重构。

从饮食起居到接送孩子上学，从性生活伴侣到紧急联系人，从家族成员如何看待自己到要不要请老人同住照看孩子……之前的生活无论好坏都已习惯，而离婚意味着旧有模式被不可逆地打破。重新构建生活是一项巨大的压力源，而当这项压力源无法被清晰地摆上台面处理时，便会成为一团混沌的阻碍，将我们困在原地。

案例4

柏女士念叨离婚已经两年了，却迟迟没有行动，每当她反复抱怨婚姻不幸、被我问及为何不离婚时，都会用“哪那么容易”搪塞过去，若要再细问，她便会说“要做好多准备呢”，之后岔开话题。

在她再一次无休止的抱怨中，我邀请她列个单子，如果离婚，她**具体**需要做哪些准备——比如，不能只是简单说需要钱，至少要算个粗账：大概需要多少钱？为什么？是哪方面的开销？等等。

等罗列完一张单子，柏女士冷静了下来，她发现真正拦着她的不是这些事务——事实上在罗列的过程中她就已经将准备工作安排得差不多了——真正让她止步不前的，是她害怕自己如果离婚要面临两条路，或者邀请父母同住照看孩子，或者辞职换工作多挣些钱雇用保姆。而无论与父母共同生活，还是离开她毕业后一直就职的清闲国企直面就业市场，都让她极其焦虑。

当这些议题浮出水面后，柏女士开始认真思考自己究竟要何去何从了，最终她找到了属于自己的第三条路，顺利完成了离婚。

告别与分离

除了现实层面的分离与重建，离婚还会在情感层面掀起震荡，因为它往往意味着一场巨大的告别与分离。

我们当初选择一个人与其步入婚姻时，都对这段关系抱着或多或少美好的期待甚至幻想。围绕这些期待、幻想，我们安排彼此的生活，并为之付出许多。而离婚则意味这些期待和幻想全都破碎坍塌，再也无法在这段关系里实现了。与此同时，我们曾经为之付出的忍耐、改变、情感、心血也都将成为“沉没成本”，从此无法追溯——这个告别的过程往往会让人非常难过。有时仅仅是分离本身就已经足以唤起极大的焦虑甚至恐慌，让我们无法向前迈步。

自我与依恋关系

在告别与分离的议题之下，还会暴露出“自我”与“关系”两大主题。

无论在哪种文化中，婚姻都是“人生大事”，我们选择进入婚姻，类似一个巨大的“投资决策”，而离婚则意味着不得不承认我们曾经的期盼无法兑现。这一现实与预期的冲突经常会冲击我们的自我评价和自我认知，比如“我是不是好的”“我看人准不准”“我有没有能力得到幸福”“我是不是个好妈妈/好爸爸”“我的三观有没有问题”等。

与此同时，大部分婚姻都伴随着依恋纽带的建立，这条纽带很多时候就像空气一样，虽然感觉不到其存在，可一旦失去，便会让人难以耐受——一个“虽然没用但需要时可以**在那里**的人”和“没有这个人”带来的体验往往是不同的。当我们扯断这条依恋纽带时，不止会感到疼痛、悲伤，对自身与亲密关系相关的底层信念也可能随之动摇，比如“我是不是被需要的”“我会不会被爱”“我会不会被抛弃”“世界上有没有值得信任的人存在”“我能不能对他人不设防”等。

案例5

鲁女士不到30岁，容貌上佳，为人亲和，人缘好，事业优秀，收入颇丰；她的丈夫不赚钱养家、不管孩子、不做家务，还赌博、经常性出轨。二人在争吵时如果提到离婚，在房产、监护权方面并无异议。每次丈夫大额赌博或者出轨后，鲁女士都想离婚，却始终下不了决心。

讨论到这个部分时，我问鲁女士，谈到离婚时感受如何？鲁女士说非常害怕。我问她最怕的是什么？她思考后回答说：“再也没有人要我了。”

显然，这是一个与现实情况相距甚远的答案。

我继续问："如果你之后再也不结婚，对你来说意味着什么？"

"好像也不意味着什么，我现在的生活就和离婚没什么两样，什么事都是我自己来，而且现在还要照顾公婆以及负担丈夫的开销。"

"那，如果你的同事和你条件类似，你会觉得她'没人要了'吗？"

"绝对不会！"鲁女士回答得特别坚决，"但是放在自己身上，我就是会克制不住地这么想。"

我让鲁女士放松一下，不要思考，凭直觉回答我一个问题，"如果"她提了离婚，她害怕丈夫同意还是不同意。

她直觉的答案是怕丈夫同意，这个答案让她自己都感到意外。

一番讨论后，鲁女士发现，她害怕的并不是离婚后无法一个人面对生活，也不是提出离婚会和丈夫发生冲突，而是：第一，离婚这件事冲击了她本来就偏低的自我评价，她内心隐藏的逻辑链是"哪怕是我提的离婚，如果对方同意了，那说明这么差劲的渣男都不想要我，否则他应该拼命挽留才对，这证明我实在太差劲了"；第二，分离本身让她恐慌到无法面对。

明确了这两点后，再往下走就顺畅多了；我们讨论到她小时候过早与母亲分离带来的创伤体验、生命历程中的强迫性重复（母亲是个女强人，父亲是个不着家又不务正业的浪子）、母亲对她的苛责与竞争让她始终认为自己不够好，等等。花了几个月的时间处理这些情结后，鲁女士毅然决然地提出了离婚，并迎着丈夫的威胁恐吓、恶意拖延坚定地推进了这一进程。

看过这些“离婚意味着什么”的常见答案后，不妨比对一下，看看哪些和你想到的一致、哪些不一致，以及你怎么看待它们。

在后续的章节中，我们会就上述冲突、外部压力、分离等议题进行详细讨论。在此之前，我们再来看一个案例。

案例6

钱女士和丈夫从初中开始就一直是同学，两人都非常优秀，均毕业于国内排名前三的大学之一。毕业后两人结婚，一起去南方打拼，年纪轻轻不但财富自由，而且都在从事自己热爱的事业。但令钱女士极为震惊的是，她偶然发现了丈夫和他所在公司前台小姑娘间的暧昧。个性好强的钱女士当晚便提出了离婚，丈夫再三追悔挽回，钱女士也毅然坚持，丈夫只好同意，并把财产都留给了钱女士。

离婚后很久，钱女士还是没缓过来，长期处于极度的悲伤抑郁中。前夫多次表示想要复婚，钱女士虽然很爱前夫，但心里对于复婚极为抗拒。这令钱女士严重失眠，故前来咨询。

虽然该问题与复婚相关，但因为钱女士之前的离婚决定做得极为仓促，因此本质上仍然是个离婚案例。

第一次见钱女士的时候，我心里莫名升起了一种紧张感，好像自己完全不是个有几千小时经验的咨询师，反而像新手一样，甚至连说过无数次的保密原则、付款方式等咨询设置都说得磕磕巴巴的——我特地把这种感受记录了下来。

在咨询过程中，我得知钱女士成长在一个家教极其严格的家庭中，这也让她对前夫要求极其严苛。所以，她虽然知道前夫和那个女孩“有暧昧，但也没做越轨的行为”，但就是无法原谅他，即便心里想要复婚，也完全无法同意。

我们进一步讨论“复婚意味着什么”，钱女士的第一个联想是，复婚意味着“她在和前夫的竞争中输了”以及“自己之前做出的离婚决策错了”。我们由此展开了一系列讨论，包括“输”和“错”

对她来说意味着什么，印象最深刻的“输”“错”的体验是什么，等等。我们谈到她母亲对她的严厉要求，这让她内心对“输”和“错”有着超现实的恐惧感。这个部分既促成了她的优秀，也让她和她身边的人极为疲惫。

在处理完这个情结之后，钱女士仍然对复婚抱有难以名状的抗拒感。于是我们继续讨论，钱女士出现了第二个联想，即“如果原谅了前夫，那意味着我的感受都被否认了”。换言之，她需要而且也只能用离婚这个**行为**向前夫表达她的愤怒与委屈。我们回顾了她的成长环境，发现她从小是不被允许表达任何负面感受的，进入婚姻后她自然也无法向前夫顺畅地表达它们。我问钱女士：“你为什么不告诉他你很生气呢？”她愣了好一会儿才说：“我从来没想过还有这个选项。在我父母的相处模式中，两个人平时什么都不提，而到提的时候关系基本就要解体了。”

讨论完这个话题的几周后，钱女士告诉我，她终于痛痛快快地告诉前夫她感到多么受伤、多么愤怒，然后详谈了自己的感受。这个时候，前夫不但没有像她想象的那样暴怒，反而也落泪了。更让她出乎意料的是，前夫也放松了下来，诉说了以前从没和她谈过的心路历程：最初他只是希望“有个地方能让自己喘口气”，前台小姑娘的学历、事业、外貌，没有一处比得过钱女士，这让他和她相处时特别轻松，而且前台小姑娘从来不给他提要求，可以听他抱怨各种事，还给了他很多的鼓励和认可，这是他在钱女士这里从来没有得到过的，所以虽然知道不对，但还是忍不住经常和前台小姑娘一起喝咖啡聊天。

钱女士坦言，说她曾这么猜测过，但一直没有求证，因为她觉得如果听前夫说出来，她会很崩溃，会觉得自己在“做个好妻子”这方面输了、在婚姻里做错了（又是“输”和“错”的议题），但当前夫真的说出来的时候，她不但没有那些想法，反而觉得两个人距离更近了。

即便如此，她还是无法选择回头。

我们继续讨论，钱女士出现了第三个联想：如果原谅了前夫，就“等于”向邪恶低头。通过讨论，我们看到了更久远的一些家族创伤，比如钱女士家里的长辈面对不公正的对待曾经刚烈地选择“玉碎”，这些创伤通过代际传递，在钱女士身上呈现为一种过度爱憎分明、正邪对立、非黑即白的状态，“仿佛”原谅前夫就等同于向邪恶低头，等同于背叛了祖上。

处理了这个超现实的部分后，钱女士顺畅地开始和前夫重新约会，并认真讨论复婚的问题，失眠的症状也消失了。同时，二人接受了我的提议，由一位协同治疗师来给他们做婚姻咨询，处理两人互动中的问题。半年后二人重新登记结婚，之后虽仍然磕磕绊绊，但总体上已称得上“幸福美满”了。

类似的案例还有许多，无论是难以离开还是过于仓促地分开，它们都有一个共性，即当事人没有想清楚离婚（或复婚）究竟对其意味着什么。很多时候，找到这个问题的答案，并将其进一步优化处理，就已经可以让离婚与否的决策更加稳妥、更容易指向自己真正想要的生活状态了。

下面，我们将聚焦讨论如何优化这个答案。

现实吗？重要吗？

你可以试着对表 1.1 逐条反躬自问，并填写表格右侧两列：这个议题是现实的还是超现实的，重要的还是不那么重要的。

现实与否，指该问题是否真实存在，或者**确定**将要发生。比如“离婚后我没法像现在这样接送孩子了”是现实议题，而“离婚后我就找不到接送孩子的办法了”则包含了焦虑衍生的超现实部分，“离婚后孩子的未来就毁了”更是属于超现实的幻想。

对于现实问题，我们可以试着在现实层面解决，对于超现实的焦虑，则需要直面自己的心魔。

重要与否，指你是真的在意这个议题，还只是在找一个表面的理由来回避其他让你焦虑的议题。思考这个问题时，一定要将议题具体化，避免含混、以偏概全或非黑即白的思维。如“离婚后没人接送孩子”这类含混的描述通常只是理由，不是原因——事实上，我接触的所有一开始声称“没人接送孩子所以不能离婚”的来访者，在正视离婚议题、办理离婚手续后无一例外全都成功解决了接送问题。

需要特别说明的是，抚养权是另一个经常被当成“原因”的“理由”，我们将在第七章讨论。

案例7

沈女士与丈夫的感情已经破裂，但无法下决心离婚。当我们谈到离婚对她来说意味着什么时，她想到“老家的人都会看不起我”。我问她：“老家的人具体指谁？”沈女士一开始说：“就是所有老家的人啊！”我请她举十个例子，她想了半天才回答说：“可能大伯会看不起她，剩下的人都还好。”这里我们便澄清了第一个超现实的、以偏概全的部分。

我继续问她：“就算大伯看不起你，你很在意大伯的评价吗？”沈女士想了想说，其实也不在意。我继续确认：“如果大伯看不起你，以你对他的了解，他会做什么危害你的事吗？”沈女士仔细想了想说：“不会，他最多挖苦我两句，让邻里听到。”我再追问：“那邻里听到了他挖苦你，会有什么可怕的事发生吗？”沈女士确认不会有什么事发生，事实上她都已经十几年没见那些邻居了。

对沈女士而言，当她的想法是“老家人都会看不起我”，并且“这种看不起会引发可怕的后果”时，其压力是很大的。但当我们**具体**去看，究竟是谁会看不起她，又会引发什么恶果时，这个恐惧便自然衰减消亡了。

在填完表 1.1 的右侧两列后，你可以观察一下这张表里的内容，看看自己此刻的感受与想法跟填表之初是否有什么不同。然后，结合刚刚读到的信息，在表 1.2 中填写一个修正版本，这个版本将是我们后续工作的基础。

表 1.2　离婚对我来说意味着什么？（修正版）

离婚对我来说意味着：
1.
2.
3.
4.
5.
6.
7.

延伸阅读

投射性认同

通常情况下，先有客观现实，后有心理现实。比如桌上先有一个杯子，然后我心里才构建出“桌上有个杯子”这个现实。

但在亲密关系中，也会出现一种相反的过程：先有心理现实，后有客观现实。比如一个女孩非常不安，总觉得男朋友会抛弃她，然后她不停“考验”男朋友，今天让他不要去面试陪她逛街证明她更重要，明天故意向他发火看他会不会无条件哄她，后天撒个谎说需要用钱要他卖掉重要的东西看他会不会卖。几次三番后，男朋友受不了了离她而去，她便一边哭一边长舒一口气：我果然没看错，他就是个会抛弃我的渣男！至此，这个女孩成功把“我会被抛弃”的心理现实**投射**到外部，并促使男朋友**认同**了这一投射，完成了从心理现实到客观现实的构建。

很多时候，这种投射出的心理现实和当事人早年经历的客观现实有关。即，当事人试图在新的关系中复刻自己旧有的经验。

诚然，在咨询室外，非常通透地分清哪个部分是对方的、哪个部分是我们在投射、哪个部分是我们在共谋，难度不小，很多时候也没必要，但我们对关系中那些让我们不舒服的互动保持觉察，去用心“看看”会不会是我们在投射或对方在投射，这对关系有很大助益。

延伸阅读

强迫性重复

我们有时会不自觉地反复创造出曾经经历过的创伤场景，这个过程被称为“强迫性重复”。

强迫性重复的背后有很多心理学解释，最常见的解释之一是，我们一次又一次地通过投射性认同来重现创伤场景，是因为我们潜意识中希望“这次的事件发展可以不一样”。但由于我们受困于过往的经验，最终结果往往是拿着曾经伤害我们的剧本，一次次重复相似的、创伤的上半场，却始终没能演到内心中渴望的不同结局，或者虽然演到了不同的结局，但就是感觉“还不够”“还不能确信”，于是继续重复。

在这个过程中，推动我们的并非内心“向往美好”的需求，而是“再现创伤”的动力，这往往会伤害关系。我们要做的是识别它们，反省自问：在这段关系中我是否在反复创造曾经的创伤体验？如果有，那要考虑寻求专业帮助。

案例8

曹女士因家暴困境前来求助，通过交流我得知了以下信息：1. 曹女士有过五段亲密关系，包括男友、女友、前夫、现任丈夫；2. 五段亲密关系中都出现了家暴，有时曹女士是被打的一方，有时是两人互殴；3. 五段亲密关系开始时只有一例有轻微的家暴倾向，其余均无家暴倾向，但在关系结束时都出现了较多的躯体暴力；4. 其中有一任男友，在与曹女士交往之前、之后都分别有过亲密关系，确信并未出现家暴；5. 曹女士的父亲严重家暴，曹女士小时候几乎天天挨打或目睹母亲挨打。

与此同时，在和曹女士的互动中，我发现曹女士会很“精准”地引发我的怒火，让我心底暗暗生她的气，甚至咨询结束后还气鼓鼓的，需要刻意觉察处理才能“摆平”这部分情绪，这在我和其他来访者的互动中极其少见。

曹女士遇到的困境，即是一种强迫性重复。

在工作初期，我向她呈现这个部分时，她会给我扣很多曲解原意的“帽子”，诸如受害者有罪论等，并且绝不给我解释的机会（这也是她父亲给她的体验），期间她又谈了一任“确定没问题”的好男人，最终还是以家暴分手收场。直到我们工作了三年，曹女士处理了大量早年的创伤议题后，才渐渐认可了这个说法。又过了一年，她进入了一段新的亲密关系，两人和睦安稳。

案例9

韦先生的每段恋爱经历都可以简单概括为这样一个过程：最初韦先生会对伴侣很好，开始一段甜蜜的恋情，紧接着他会“自己都可以察觉”地冷淡对待对方，甚至“故意晚上不回家、不回对方信息”，但无论怎样他都“坚决不提分手”。等对方受不了了，提出分手，他会苦苦挽留，平日格外高傲的他不惜下跪道歉、痛哭流涕地求对方不要离开他——这也是他的真情实感——而等对方心软，重新回到关系后不久，他便会恢复之前冷淡恶劣的相处态度，等对方提分手，周而复始几轮后两人分开。

我们讨论后得知，韦先生早年有许多被母亲抛弃的体验，至今说起时他仍能回忆起“我怎么哭怎么喊怎么抱着妈妈的腿不让她走都没用，她最后还是走了”的画面，这个部分未被识别、处理，使得韦先生一再在亲密关系中让对方体验到他当年体验的被抛弃感，也一再再现那个“你要抛弃我而我可以成功挽回你”的场景。甚至在选择伴侣时，他都会选择那些更难耐受冷淡对待，但又更容易心软的对象，与他“共谋”完成这一场景的再现。

需要特别说明的是，上述两篇“延伸阅读”的内容是给读者用以自省觉察、理解关系中发生了什么的，请勿曲解为类似“我揍你是因为你在强迫性重复，是你在投射，是你欠揍”的逻辑，为自己的错误行为辩护。

2

Chapter

第二章

稳定情绪

面对离婚议题时，通常我们要么已经积累了多年的负面情感，要么面临突然袭来的猛烈冲击。无论哪种情况，都会让人产生巨大的情绪波动，进而导致认知能力的大幅下降。因此，将自身调整至相对稳定的情绪状态，是我们可以更好地思考、决策、推进离婚事宜的重要前提。

情绪水库

情绪如水，我们的内心则如同水库。水库的容量总有上限，若只进不出，便会有“溃堤”风险。处理内心积压的情绪，同样可以参考工程师处理水库中蓄水的方法，其中最常见的是：

- 减少进水——减少压力源；
- 放水泄洪——宣泄情绪，或找帮手承接压力；
- 增高堤坝——进入“短期战时状态”，提高对压力的耐受力；
- 改善结构——自我成长，如进行成长性心理咨询。

这些方法看似简单，但在实际应用中，却并非人人都能做好，甚至有时我们凭直觉选择的方法还会带来相反的效果。

案例10

吴女士一直是以家庭为重的贤妻良母，虽然从小对自己要求严格，业务能力也非常出色，但为了照顾家庭和孩子，她推掉了很多晋升机会，所以当她看到丈夫和别的女人调情的信息时，感觉天都要塌了，整个人陷入了魂不守舍的状态。

之后，她向所有人隐瞒了自己已经知道丈夫出轨的事，开始考虑离婚。

她向单位申请了一个更高更累的职位，还开了间淘宝店，打算开辟“第二收入”，增强经济保障；考虑到孩子之后可能会受到影响，她觉得应该“先攒攒资源”，于是退掉了一个孩子喜欢程度一般的课外班，花更多时间来陪伴孩子；考虑到之后的居住问题，她打算收回一套正在出租的房子重新装修；同时……

吴女士同时做了很多事，整个人处于极度疲惫、接近耗竭的状态，但偏偏离婚的决定与策略她回避了很久都没有考虑。直到丈夫反复出轨，她实在支撑不下去了，来找我寻求帮助。

见吴女士的第一面，我感觉眼前这个人好像一具被榨干了的空壳。

与一般的离婚求助者不同，吴女士在最初的几次咨询中始终特别平静，除了语速有些快以外，看不出什么情绪起伏。

我们首先在现实层面进行了一系列澄清和讨论，我得知她申请的职位其实并不理想，半年后反而可能会出现一个她真正想要的职位；她手头虽然积蓄不多，但一年半载内不会出现经济危机，不需要淘宝店来支撑；孩子和她的互动一直很好，并没有特别必要在这个时点增加陪伴；离婚后的居住方案有很多，只有在最差的情况下才需要住到那套出租的房子里，即便要住，现有的居住条件也足够使用，装修对生活体验的改善并不明显……

吴女士做的所有事情都不紧迫，却都需要投入大量时间心力。但与此同时，别说应对“离婚”议题，哪怕只是面对“丈夫出轨”

的议题，她都已经心力交瘁、内部的大坝快要满了。换句话说，她在该给自己减码的时候反而给自己不断加码、该泄洪的时候反而不断注水，这造成了内心资源的严重不足，使得她表面上在为离婚后的生活做准备，其实反而是在通过用其他事情耗尽心力，回避面对离婚相关的核心事项。

我向吴女士呈现了这个部分，吴女士一开始并未接受，只是继续看似理智地不停强调那些事情有多么必要。对于在咨询室内过于理智的互动，她则解释说她是来“听课”的，哭哭啼啼不合适。然而，过度理智化是对情感的防御。随着讨论的深入，几周过后，吴女士终于渐渐开始哭泣和怒吼，开始表达她在整个过程中体验到的强烈情绪。等情绪张力降下去多半的时候，她才开始直面离婚这个选项，以及离婚过程中如果要争取利益，此刻需要做哪些准备。

而这距离她发现丈夫出轨已经过去半年，她在诸多方面的损失也都有所增加。当然，过往不可追，亡羊补牢，任何时候开始都比不开始要强。

类似吴女士的案例在实践中并不少见：这类人平时很“坚强”，对自己要求较高，情绪出口较少，经常把自己压到忍无可忍的时候才能有所表达。当面临对方提出离婚，或者发现对方出轨等生活事件的冲击时，他们的自然反应不是面对，而是回避。有时，这种回避被包裹在理智、“积极”的外壳下，更加难以识别。

减少进水

对情绪而言，最好的状态是适度调动、比较理性，过于放任情绪支配自己和过分压抑情绪这两种极端状态都潜藏着一定的风险。

如果你觉得自己目前的压力水平比较高，不妨填写一下表2.1。先填左侧第一列，把你能想到的近期压力事件都填进去，既包括财产转移、相关取证、子女抚养安排等与离婚事宜有关的，也包括事业改变、收入拓展、搬家装修、父母互动等主要围绕生活重构的，还可以包括类似减肥、考证等会带来压力，但与离婚关系不大的事件。先尽量多填，直到想不出新的压力事件为止。

表 2.1　近期压力事件一览表

目前的压力源生活事件	必要？	亲自？	立刻？

填完表 2.1 左侧第一列后，请对照着表格右侧三列逐一判断：这些事是不是必须做？是不是需要你在当下这个时点亲力亲为去做？是不是必须立刻做？填完所有栏目后，不妨尝试进一步思考，有没有可能剔除一些压力源，将它们放弃、延后，或委托他人执行。

放水泄洪

如果你当前应对的都是必须即刻着手亲自解决的压力源，那么此时的重点就是“泄洪放水”了。这是一个高度个人化的选项，选择合适自己的方式就好，无论是体育运动、音乐电影、找朋友倾诉、和宠物互动、把孩子委托给他人照料让自己放放假、线上线下买买买等，只要是你自己认为有效且副作用可以承受的，就是好的方法。在这一困难时期，应抓大放小，物尽其用，人尽其用，调动一切可以调动的资源，尽量让自己的压力水平不要长期处于高位。

增高堤坝

面对外界压力时，我们会自然倾向于使用旧有的（包括儿童时期习得的）应对方式，即便这种应对方式可能效率低下，甚至雪上加霜。然而，面对离婚这个高压议题时，现实有时会要求我们进入“短期战时状态”，以应对层出不穷的生活与情绪挑战。因此，在这一阶段，我们往往需要一些可以临时“增高堤坝”的方法，短期内快速提高我们对于压力的耐受力。

在处理心理压力之前，我通常会建议来访者先确保身体状况良好，毕竟身心一体，身安才能心安。在离婚前后的“动荡期”，由于各种现实压力扑面而来，我们可能会忽略对身体的照料，但身体的不适往往会影响情绪（比如长期低血糖会影响情绪调节能力，作息不规律会使人容易烦躁），进而干扰我们的理性决策。因此，这个时期尤其要注意照顾自己的身体，尽量保持生活习惯规律稳定，血压、血糖、血氧平稳健康，均衡饮食，适度运动、娱乐、放松，适度满足性需求。失眠时不用强求睡着，可以在睡前洗个热水澡、保持到点上床，睡前一小时不看电子设备，试着做一下全身放松。如果失眠严重，及时寻求专业帮助。

在照顾好身体的基础上，当情绪来临时，不妨闭上眼睛，深呼吸，觉察一下此刻的情绪大约属于哪种类型，之后对症下药。下列方法相对比较通用，可以尝试练习，通常可以在短期内提高你应对压力的能力。

处理悲伤

对于悲伤的情绪，较好的处理方法是寻求陪伴和表达。

如果有你信任且愿意倾听你的好友、亲人、团体等，不妨在这一时期去找找他们，不要害怕麻烦他人，日后表达感谢即可。如果没有这些人际支持资源，那么请给自己划出一个不被打扰的时间、空间（可以有亲密的宠物陪伴），允许自己和悲伤待一会儿，抱抱自己，不用着急从悲伤的状态中离开。

除了言语倾诉以外，如果你有自己喜欢的艺术表达方式，这一时期可以多加使用，比如绘画、写作、演奏、唱歌、即兴舞动等，都是非常好的处理情绪的方式。

其中，听音乐较为特殊，如果选用该方式，建议先构建一个歌单，其中前几首曲子偏悲伤，中间的曲子则相对中性、舒缓，最后由明快、温馨的曲子收尾，而不要一味使用沉痛悲伤的音乐。

如果你有过正念、内观等修行经历，也可以用来处理悲伤的情绪。

处理焦虑

多数情况下，焦虑的产生是因为你回避了可控的当下，逃入了不可控的未来。

有些人期待自己能把未来的所有可能性都考虑到，为每种“万一”找到对策，这反而会带来无穷烦恼。诚然我们需要一定程度地思虑未来、规划筹谋，但如果无休无尽地考虑各种可能性，那么除了徒增焦虑外并没有任何积极作用。

应对这种焦虑，需要我们回到此时此地，把自己从无边无际的思虑中拽回来。你可以把焦虑的事情逐一写到纸上（一定要写出来而不是空想），然后问问自己：其中有哪些是我当下就可以去做，并且能让我的生活更好一些的？然后动用一点意志力，让自己多花一些时间、精力去做它们。

如果你的焦虑程度比较高，做不到“集中精力去做改善现状的事”，那么可以尝试闭上眼睛，花几分钟或更长时间单纯地观察、感受自己的呼吸。脑海中出现杂念也没关系，静静地旁观它们聚散即可。

与处理悲伤的方法相似，如果你有正念、内观，包括瑜伽等修行背景，也可以按照这些熟悉的方式进行。

有一种相对特殊的情况是，离婚激活了我们生命早期中的分离焦虑，这会让我们害怕“分离”本身，也会让我们极度恐惧自己以后将如何独自面对世界的幻想。如果你有这类焦虑且焦虑水平很高（有时会伴有惊恐发作或类似症状），建议寻求专业帮助。

处理委屈

委屈是离婚过程中非常常见，有时又非常隐蔽的情绪：“我付出了那么多却被这样对待”，往往会给人一种不公平、不甘心的感受。

委屈的时候，我们首先需要抱抱自己——主要是心理上的，有时也包括生理上的——给自己“顺顺毛”“摸摸头”，试着给予自己耐心的安抚。如果你有很信任、依恋的人，可以向他们诉说你的委屈，让他们陪陪你，这时候一个拥抱、一个肩膀胜过千言万语。

如果仍然感到非常委屈，那不妨觉察一下，是不是自己曾经被某个规则伤害过，之后为了处理受伤的感觉认同了那个规则，所以当面对那个规则失效时就会感到格外不公平（可结合下文案例理解）。这种情况涉及一些未修通的情结，如果时间、经济紧张，暂时没有条件寻求专业帮助，可以先标记这个部分，告诉自己，这部分情绪和过往有关，先暂时封存一下，不要影响处理眼前更重要的生活事件。

案例11

王女士的收入并不低，但始终过着非常“苦”的日子：明明腰不好，但每天一定要扫地、拖地好几遍，并且拒绝用扫地机器人或者雇用小时工；明明对洗衣服非常厌恶，但是始终不肯用洗衣机，认为“洗不干净”；明明下班回来已经很累了，但还要做很多收拾整理的工作，丈夫都表示已经很干净整洁了，她却认为是丈夫的标准太低，还不帮忙，每天都会把自己最后的力气榨干。

可想而知，王女士的生活中怨气满满，并且当她为无休止的家务事耗竭时，也会给丈夫、孩子提出各种要求，一旦丈夫、孩子偷个懒没有立刻满足，王女士就会爆发：我都这样了，你们怎么还不听我的呢？

当丈夫提出离婚时，王女士更是彻底崩溃了：我都为这个家付出这么多了，我还没说什么，你怎么还好意思提离婚？

经过一段时间的工作，我得知王女士的母亲同样“任劳不任怨”，而且是王女士的“加强版”，在王女士小时候母亲经常用“我多么多么苦”来胁迫王女士。王女士从小成长在被愧疚感绑架的环境里，体验非常糟糕，而儿时的她无法处理这些糟糕的体验，便只能学习并认同了这个模式。因此，当丈夫不再遵从这个“最苦的人最有权”的时候，她便感到了极为强烈、无法安抚的委屈和愤怒：这不公平。

处理愤怒

愤怒的处理因人而异：如果你平时属于“火气比较旺”的

人，那么对愤怒的处理可以参照对焦虑的处理，不要强化它，而要去觉察它、观察它，让它慢慢产生、经过、流走就好；如果你平时属于比较压抑的人，也许发泄——特别是身体上的发泄——是相对短平快的做法，比如做一些有攻击性的运动（格斗类健身项目、拳击操、打沙袋、打枕头、用废弃矿泉水瓶打沙发等）、登上山顶大喊、唱歌等。

处理愤怒情绪时，常见的错误做法是过度压抑和将攻击转向自身。

过度压抑会导致整个人进入易激惹的状态，如果你发现自己脾气越来越大，"一点就着"，那么这很可能提示你需要主动减压、主动释放攻击性了。

将攻击转向自身的情况更为危险一些，不仅容易引发抑郁，甚至还会带来自伤风险。如果你从小比较"乖"、害怕人际冲突、有一些"讨好型人格"、经常指责自己，那么你要格外注意自己是不是习惯性地将攻击转向自身，如果有，应刻意将攻击性向外部释放一些。

处理不可识别的崩溃

很多人都有情绪崩溃的时刻，但其中多数人都认为是自己

“有问题”“太脆弱”，甚至引以为耻。但实际上，这种崩溃往往只是我们的身心系统在强制性地让我们意识到：真的该减压了。

当崩溃的情绪发生时，一般我们只要顺其自然，不用过多干预，注意不要做出伤害自己、伤害他人的**行为**即可。等到情绪过去，我们需要尝试给生活按一下“暂停键”，尽最大努力安排一些可以放空自己的活动，比如登山、种地、游泳、慢跑、烘焙、散步等任何能让你“专心致志”去做的事。如果实在想不出类似活动，那么尝试允许自己有一段时间“什么也不做”，比如舒适地躺着或者坐着，但不要看手机或刷剧。在最初“什么也不做”的时候可能会有巨大的焦虑袭来，观察它，等待它过去就好。

对于一些反复出现的、复杂而难以描绘的、扰动极大的情绪，不妨试着在意象层面对它进行快速“包扎”：首先想象如果这“团”情绪有形状、有颜色，它会是什么形状、什么颜色的，强化这个想象；之后再想象一幅画面，画面中包含这“团”情绪，但整体画面又让人觉得平静甚至愉悦。通常，你想出的画面中就包含着你对于这一议题的解答。如果想要探索可以等资源充裕时深入分析这一画面，如果不想探索，只要牢牢记住它，在下次情绪袭来时提醒自己想起就好。

如果上述方法均不奏效，且该情绪经历了很多天都无法平静下来，其强烈程度已严重影响你的工作生活，请及时寻求专业帮助。

改善水库结构

“改善水库结构”指的是长期的自我成长过程，涉及疏通河底淤泥（处理积压的情绪情感、埋藏的未处理创伤体验等）、修正建筑变形（矫正不合理的认知）、识别并更新老化的功能设备（改进在当下环境中已不合时宜的旧有行为模式）等。很多人会在一段良好的亲密关系，长期的心理咨询，以及不断的阅读、觉察与反思中逐步成长，不断改善底层结构。这个过程较为复杂，在此我们只举例讲其中一个重要事项：识别自己的归因系统中与现实不符的归因，降低这类归因的比例，进而释放与之相关的情绪张力。

归因系统，是我们内心中为结果（现象）寻找原因（解释）的机制。通俗来讲，我们可以把任何事情发生的原因归为自己、他人或“老天”（环境因素、随机因素等）三者的组合。在离婚这种突发事件发生时，我们往往会倾向于用自己惯用的、熟悉的方式来解释“为什么会发生这件事”，这个过程有时是相对客观、通顺的，有时则会变得偏执而拧巴，以下列举几种。

- **过度内归因**。过度内归因的人，通常会陷入强烈的自责之中，认为“都是我不好”“要是我再好一点也许不会这样”。如果在婚姻里付出较多，这种自责又会衍生出强烈的委屈感。
- **过度外归因**。过度外归因的人，认为一切都是别人的错，甚至是有人“故意”要害他，通常表现为难以消解的愤怒与攻击性，也会伴随一些恐惧、委屈的感觉。
- **过度追求确定性归因**。过度追求确定性归因的人不愿意面对世事无常以及自己的有限性，他们无法接受不可控的随机因素的巨大影响，通常表现为高度焦虑。

这三类归因谬误有时单独出现，有时像“坐过山车”——一会儿过度内归因，一会儿过度外归因，这种反复摇摆会带来极大的内耗。

案例12

郑女士最初是因为情绪问题来做咨询的，咨询几个月后发现丈夫几年前就出轨了，本已相对稳定的情绪进一步剧烈起伏。

在最开始发现丈夫出轨的时候，郑女士一度极为愤怒，她不停地抱怨、咒骂，持续多次：有时她会大骂丈夫就是个彻底的感情骗子；有时她又一口咬定丈夫其实很善良，一切痛苦的罪魁祸首是那个“狐狸精”；还有时她会咒骂婆婆，认为是婆婆没教好丈夫而带来一系列恶果；甚至有一次她猛烈攻击我，说是我毁了她的婚姻，因为她之前的情绪在压抑与爆发中摇摆，我曾“要求”她尝试缓慢地释放情绪（事实上我只是问过她如果缓慢释放会怎么样），而她认为恰恰是这个要求使得他们夫妻间争吵增多，最终“导致”了丈夫的外遇。

不难发现，郑女士的一系列归因看似混乱，但其实都是围绕着“一个外部的邪恶存在导致了我的痛苦”这一心态构建的。在这一心态下，郑女士的愤怒一度难以遏制，更无法相对冷静地去面对当下的生活变故。

郑女士充分表达、处理了内在的愤怒后，又陷入了另一个极端——一种抑郁、恐慌，甚至暗藏着自我伤害的状态：她已知自己有不严重的酒精过敏仍然过度饮酒，在工作中一次重要考核前明明有充足的时间但是没有做任何准备，在和闺蜜的互动中也各种“带刺”导致了人际损伤。而在咨询室里，她开始了漫长的哭泣与不停的检讨，她攻击自己赚钱少给了丈夫太大压力（事实上她与丈夫的收入大致相当），爱吃零食导致自己“太肥了”而丈夫喜欢腰细的女性（事实上她的身材在平均水准），她家庭条件一般，买房时家里没有支持（她丈夫的家里也只给了很少的支持）……哭到伤心时她甚至坚定地认为丈夫出轨是因为自己认识丈夫时不是处女（而她丈夫其实多次表示他一点也不介意）。

在这个阶段，郑女士的归因完全逆转了方向，指向了自身，从外部邪恶变为了“我是一切痛苦的始作俑者”“一切恶果都是因为我不好”。在这种归因下，郑女士的情绪以羞耻、自责为主，整个人的抑郁倾向也明显增加。

在这一部分也充分表达后，郑女士又觉得“可我已经很努力了啊”，进而陷入了委屈，之后愤怒重新袭来，愤怒之后再次自责，长期以来的归因系统紊乱爆发了。

我问郑女士：“如果你有一个和你一模一样的闺蜜，你会怎么看，她丈夫为什么会出轨？”

郑女士静下心来想了想说：“可能内因外因都有吧，还有许多复杂的因素可能都说不清、找不到了。”

显然，郑女士理智上是可以做出与事实相符的判断的，但当巨大的生活事件袭来时，她感到整个生活失控了，**在这种失控感下，她急**

于给“为什么会这样”找一个简单的、确定的、熟悉的解释，并释放内部无法顺畅处理的愤怒、委屈、害怕、焦虑等情绪。而这些情绪与非理性的认知就像鸡和蛋一样互相产生和促进，不断将郑女士拖入一个又一个情绪泥潭里，使她无法冷静处理当下的生活事件。

在处理了这些情绪之后，郑女士才真正开始思考自己后续该怎么办。在排除了若干选项后，她选择争取利益最大化的方案，之后制定了一系列策略，与丈夫和平办妥了离婚手续，并且争取到了很优厚的财产分割。

如前文所述，多数人结婚时预期“我们会天长地久”而非“我们早晚会离”，因此面对离婚这一我们不愿其发生的“错误”（误判），给其一个解释（归因）便成了绕不过去的环节。如果我们只是任由内心自动生成一些模糊的归因，那很可能与现实有出入，并且带来更多的混乱与情绪。

一个比较好的做法是找一个相对不被打扰的时间、空间，让自己平静一下，审慎全面地思考一下对当下状况的归因问题。思考时不妨时常自问：

- 如果是我闺蜜 / 兄弟 / 孩子遇到了与我类似情况，我的归因、看法会不会变？

- 如果他们的状况与我的伴侣类似，我的归因、看法会不会变?

对于上述两个问题，如果任何一个问题你的答案是“会”，那便意味着你内部的归因系统存在一些无法自洽的地方，建议尝试做一下修正，用一套更为统一顺畅的归因系统来替代原有系统，也许许多情绪在这个过程中自然就会得到处理。

如果这两个问题的答案都是“不会”，也不妨再追问一下自己：我的这个归因方式是怎么来的？有没有值得修正的地方？你甚至可以去和那些你欣赏的人（特别是亲密关系状态令你欣赏的人）聊聊，听听他们的归因。

这往往会是一个很有效的成长过程。

延伸阅读

压力事件自助表

压力事件自助表（见表 2.2）是我在一些传统自助表格的基础上改编的，它是一个非常简单的开启与自己对话的方式。你既可以把这张表格打印出来填写，也可以记住这个思路，时刻问问自己："让我烦恼的事情有什么（既可以是刚刚发生的，也可以是盘旋在心里的）？"然后顺着表中的思路整理一下，有一部分压力源在整理的过程中就会得到解决。

表 2.2　压力事件自助表

1. 当时发生了什么？	
2. 当时我有哪些情绪和感受？	
3. 当时我对此事的认知 / 看法是怎样的？	
4. 当时我的身体感受如何？	
5. 当时我做了哪些事？	
6. 做了这些事之后，结果如何？	
7. 这件事对我意味着什么？	
8. 如果 2&7 的答案换到对方身上，这件事会得到怎样的描述？	
9. 问题 8 的事实如何？	
10. 这件事的全貌如何？	
11. 我此刻有什么新想法？	
12. 我此刻有什么新感受？	
13. 我此刻身体感受如何？	
14. 我还可以做什么、怎么做？	
15. 有什么阻碍我这么做吗？	
16. 我能做到的是什么？	

注意，表 2.2 的第 8 个问题很关键，它是一个启发性问题，你可以稍微多想想“还有没有别的可能性”，不要轻易跳过这个步骤。

案例13

我的朋友冯小姐面临离婚，她母亲来帮她带孩子，她一方面觉得有些歉疚，另一方面，与母亲相处久了又积攒了很多愤怒。有一天晚上，她拖着疲惫的身体回到家中，陪孩子读绘本、做游戏后好不容易将孩子哄睡，母亲开始唠叨自己白天在家多忙多累，她一下子崩溃了，母女爆发了激烈的冲突。

考虑到她工作很忙、暂时没时间做专业的心理咨询，同时又是个自我觉察能力相对较强的人，我让她填了一下表格。她边思考、边体验，慢慢填完表格后，长舒了一口气说：“下次我可以处理得好一些了。”

冯小姐填写的表格见表 2.3。

表 2.3　冯小姐的压力事件自助表

1. 当时发生了什么？	妈妈抱怨她做了一上午家务。
2. 当时我有哪些情绪和感受？	愤怒和委屈。
3. 当时我对此事的认知 / 看法是怎样的？	她在指责我不干活，可是我明明很累。
4. 当时我的身体感受如何？	胃疼。
5. 当时我做了哪些事？	和她吵，说你嫌累别干。
6. 做了这些事之后，结果如何？	吵了一晚上，第二天冷战。
7. 这件事对我意味着什么？	我是被她嫌弃的，她不认可我。
8. 如果 2&7 的答案换到对方身上，这件事会得到怎样的描述？	妈妈很生气、很委屈，觉得我不认可她的付出，甚至还嫌弃她。
9. 问题 8 的事实如何？	她确实很生气、很委屈，我确实没表达过对她的认可，我心里可能也确实有点看不惯她那个苦哈哈的样子，但我并没有嫌弃她。
10. 这件事的全貌如何？	这半年她真的很累，我也很累，我们都有情绪。
11. 我此刻有什么新想法？	她可能只是想让我承认她很累。
12. 我此刻有什么新感受？	有点悲伤，我们都不容易。
13. 我此刻身体感受如何？	鼻子发酸。
14. 我还可以做什么、怎么做？	也许下次可以承认她很辛苦。
15. 有什么阻碍我这么做吗？	我觉得不公平：我的辛苦还没被承认凭什么先承认她的？
16. 我能做到的是什么？	以后太累的时候尽量不进行这类对话，太容易发生正面冲突，最终会让两个人都感到受伤。

3

Chapter

第三章

明确刚需

从某种意义上说，离婚的本质，在于这段婚姻关系无法继续满足一人或双方的刚需，包括经济、安全感、亲密感、现实支持、情感支持、性的需求等。这些需求都是悬浮于我们心底的各种“想要”，有些能被我们明确地意识到，有些隐藏得很深；有些可以光明正大地讨论，有些连我们自己都耻于面对。但无论我们重视还是忽略、接纳还是拒绝，它们的存在都不以我们的意志为转移，并且会或强或弱、或明或暗地驱使我们做出种种行为。

决定是否离婚的一个核心步骤在于：看清内心，在这段**关系里，我**究竟有哪些**刚需**？

不带批判的内省

明确刚需的第一要务，是保持不带批判的内省心态。对待“就是存在在那儿”的需求，既不因道德耻感回避，也不因自恋傲慢否认。树立这个心态的前提，是能够尊重幻想与现实的边界。

案例14

韩梅梅成长在一个非常保守传统的家庭里，从小穿着保守，婚前连接吻都拒绝，更不要说性行为了。她从不看色情影片或小说，平时和男同学、男同事保持着极远的距离，婚后对丈夫李雷在男女关系方面同样管得非常严格。

李雷在结婚初期只是觉得妻子老实本分，也并不在意。但婚后李雷屡屡希望“变些花样”，均被妻子拒绝，慢慢便也不再主动。两人的性生活越来越少，交流也逐渐减少，双方表面上虽没有太大的矛盾，却渐行渐远。一次偶然的机会，韩梅梅发现李雷的手机上存了几张半裸的艳星图片，感到非常痛苦——“太恶心了”“要气炸了”“世界都要崩塌了”。她不但逼着李雷删掉图片，还为此大吵一架，两人不欢而散。李雷虽然拗不过韩梅梅删掉了图片，但是心中芥蒂愈多，夫妻感情更是持续走低。韩梅梅也觉得很委屈，她认为明明是李雷先背叛了自己、心里想着别的女人，却好像她做错了一般。

我们讨论发现，韩梅梅内心的逻辑链是：“想”等于“做”,“你会看别的女人的裸照”等于“你会实际出轨”。发现这点后她自嘲说自己来自三体文明，一个不存在幻想空间的世界。但再往前走，我们发现其实韩梅梅也有她的幻想，几年前在一次微微饮酒后她做了一个群交的梦，这让她非常羞耻。之后这类梦境经常困扰她，而当我们讨论这类梦境给她的感受时，她承认这些梦让她非常兴奋，之后又会极端自责。

韩梅梅的痛苦不只是源于过强的道德约束（对自己和对方都是），而且在于这些约束已经跨越了幻想与现实的界限。

作为人，我们首先是一个有七情六欲的生命体，然后再有社会准则、人际准则、道德约束等限制。在我们的幻想世界中可以有无数需求，这些需求**本身**都没有错，我们要做的不是否认、回避它们的存在，而是识别它们、妥善处理，之后在**行为**

上遵守法律道德良知、有所为有所不为。

我在婚姻里的需求

想实践的读者不妨用与第一章中“离婚意味着什么”相似的方法，闭上眼睛做几个深呼吸，让自己放松下来，慢慢让“我在婚姻里的需求”（不用苛求刚需）浮上来，不带批判地去观察这些需求，不羞于谈钱，不吝于谈爱，不耻于谈性，尽可能多地记录下来。注意，在这个过程中无须考虑这些需求是否道德、是否合理、能否实现，无论你希望伴侣赚钱超过首富并且全都给你；希望他 / 她能够经常抱抱你、安慰你，给你更多理解和鼓励；希望他 / 她能让你找回当年缺失的父爱或母爱；希望他 / 她让你可以在朋友面前有“我的婚姻很完美”的优越感……不要加以限制，只要把浮现在你意识层面的需求通通记录下来就可以，越多越好，直到没有新的需求涌上心头时再停止，之后将这些需求记录在表 3.1 的左侧第一列。之后可以参考图 3.1 马斯洛的需求层次理论进行梳理。

表 3.1　需求内省表

我想到的需求	R1	R2	R3	如何处理这个需求

注：表中的 R1、R2、R3 分别代表“现实性（realistic）”“刚需（rigid demand）”和“在关系内满足（in relationship）”。

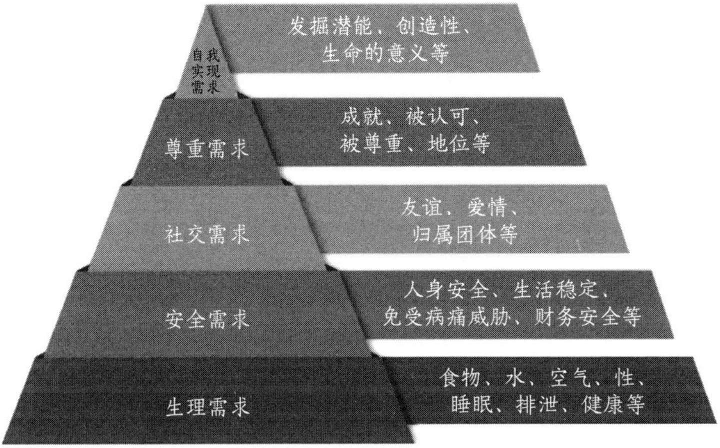

图 3.1　马斯洛的需求层次理论（Maslow, 1943）

接着，我们需要对这些需求进行归类。在这里我构建了一个操作性较强的内省流程，我称之为“3R”法，即**现实性（realistic）**、**刚需（rigid demand）**和**在关系内满足（in relationship）**。

对于每个需求，我们都要问自己以下三个问题。

1. 这个需求是不是现实的？（R1）

这个命题包含着两层含义：第一，这个需求有可能在现实中被满足吗？第二，对我来说，我一定要在现实中满足它吗？

在我们的幻想世界中，有些需求本身并不现实，或几乎不现实，比如自己一夜暴富、伴侣是任劳任怨又无欲无求的“海螺姑娘”；有的需求是你知道它的存在，但偶尔做做白日梦就足够了，并不一定需要真的付诸实践，比如有些人对同时拥有多个性伴侣的需求。

如果你发现某个需求属于超现实的需求，但又特别想满足这个需求，那么需要静下心来，认真思考一下怎样才能相对健康地代偿，或是郑重地与它告别。

所谓健康地代偿，指的是在幻想层面或象征层面满足一些不被现实容许的需求。这些需求往往隐蔽而强烈，如果真要去实现它们，或者不为现代社会的法律法规、公序良俗所容许，或者代价高昂到让我们望而却步。这时，在幻想层面或象征层面部分地满足它们就成了成本最低的方法之一。

某种程度上说，超级英雄拯救世界的好莱坞大片、赚人眼泪的韩剧、充斥网络的“爽文”等，都是在帮我们于幻想世界中处理那些需求。我们自己的白日梦、性幻想、艺术创作等则是更为便捷地在幻想或象征层面处理这些需求、释放其张力的方法。

案例15

一位美国心理治疗师曾经接诊了一个16岁的男孩，他自述有严重的恋足/恋物癖。尽管他努力克制，但偶尔还是克制不住，为此挨过打，还被警察教训过，他自己也非常痛苦。

治疗师没有和他讨论成因、童年，而是问他："你能不能告诉我，最让你有快感、最吸引你的是什么？是小腿？脚踝？丝袜？高跟鞋？是触摸？亲吻？观赏？还是什么？"

男孩见治疗师没有指责他，还愿意讨论愿望本身，松了口气，努力回忆体验了许久后，他告诉治疗师，他之前都没仔细体会过，现在想想看，他最喜欢的就是看女人穿鞋和脱鞋这两个动作。

治疗师告诉他："你有空就去鞋店打工吧，我们一起来讨论一下，哪些是可以做的，哪些不可以做。"谈好这些边界后治疗就结束了。

男孩真的去了鞋店，并且因为服务热情周到，特别是他会彬彬有礼、不厌其烦地帮有需要的顾客脱鞋和穿鞋（而别的销售并不愿意提供这些服务），他很快就成了店里的金牌销售。

除了在幻想层面满足需求，我们有时还需要在现实层面正式地放弃与哀悼，才能够完整处理某个特定需求。

比如上文提到的多个性伴侣的需求，在多数亲密关系中，除了在一些艺术作品、情色幻想中代偿外，还需要郑重和这个“需求”说声再见，哀悼一下，陪伴一下自己的情绪：

> 我**选择**和**这位**伴侣进入婚姻关系，就意味着放弃另一条可能有很多性伴侣的道路。是**我**做出了这个选择，因此，我要和那个我曾心心念念的选项告别——同样是**我**选择了放弃那条道路——此刻，我可以有情绪，我也允许这些情绪存在，可以陪伴它们，但在这场告别之后，我将为我的选择负起责任……

可能有些读者觉得好笑，但有时恰恰因为跳过了这个环节，很多需求就成了“既没有被实现又没有被放弃”的“孤魂野鬼”，一旦有了机会，就很容易“借尸还魂”，以破坏性的方式呈现出来。

你可以仔细分辨一下之前写下的每个需求是否现实，之后把你的答案填在 R1 列（是 / 否，R2、R3 列同此）。

2. 这个需求是不是刚需？（R2）

这是最为核心的问题，也是一个没有捷径的问题。在回答这个问题时，我们要不停在“思考”与“体验”中切换，看看在这两个维度下我们的答案是否一致。如果一致，那它大概率就是我们的最终答案；如果不一致，就要格外重视，很可能那里存在着某个成长议题，或是解开关系中死结的钥匙。

案例16

孙女士的父亲从小到大都过度插手孙女士的生活，这让她十分痛苦，所以在找丈夫时她特别在意“这个人爱不爱管我”，最终她找了一个木讷寡言、啥都不管的丈夫。

婚姻最初两人还算相安无事，孙女士虽然操心家里所有的家务，但对这种有掌控感的生活也乐在其中，并且哪怕她偶尔发火，丈夫也总是一声不吭，这更让她觉得安全。更重要的是，她一直“认为”自己不需要丈夫为这个家扛什么事。

好景不长，孩子出生后，孙女士发现无论如何一个人也忙不过来了，这时候她特别需要丈夫搭把手、能主动承担一些家务。但丈夫一如既往地啥也不管，无论孙女士用多剧烈的方式向丈夫表达不满，丈夫永远只是默默躲开，逼急了就不断加班，回家越来越晚，甚至干脆一个人周末出去钓鱼。这令孙女士十分崩溃，考虑离婚。

在我们的讨论中，孙女士渐渐认识到，她之前“以为”自己不需要丈夫的支持，但“其实”是需要的，哪怕在有孩子之前，丈夫的支持对她来说也近乎是刚需。那时她其实就已经“感受”到需求未被满足的不满，但那些感受被忽略了，或是靠现实中自行解决问题化解了。再加上当时现实中的资源又相对丰富，所以矛盾没有暴露出来，等到孩子出生，资源捉襟见肘，之前埋的雷就炸了。

孙女士的情况并不少见。伴侣能够提供行动支持、情感联系、亲密感、陪伴、体贴、聆听、理解、肯定、性满足等对多数人而言就像维生素一样，短期缺乏并无大碍，长期缺乏则难以为继。在诸多亲密关系中，这些需求都是刚需。因此，如果我们在选择伴侣时没有考察对方是否有能力、有意愿满足我们的这些需求，或是我们自己都未识别内在的这些需求，就可能为之后的婚姻生活带来隐患，包括被潜意识推着用一些有损关系的方法来满足它们。

与此相对，有一些需求看似是刚需，但其实不是。

案例17

章女士在关系里一直非常卑微。在每段关系中，哪怕男友、丈夫对她态度再恶劣、再不管不顾，甚至朝三暮四，她也很难离开。

章女士的母亲成长在山东农村，当地重男轻女严重，并有“惟有读书高”的风气。章母从小聪慧且好强，一直想通过学习成绩证明自己。但因为某些外部不可抗因素，停学多年，之后阴错阳差，多次努力却最终也没机会去上大学。在家里要求“下嫁”给一个普通人后，她把全部希望寄托在了女儿身上。可章女士天资平平，再加上母亲过高的要求让她始终处在极度紧张的状态里，尽管非常努力，最后也只勉强考上了一所非常普通的大学。

而她的历任男友，包括丈夫，无一例外都是博士学历，名校出身。但除了学历以外，他们无论外貌、谈吐、收入、性能力等均严重低于平均水准，对章女士也都很差。即便如此，章女士在他们面前也抬不起头，觉得自己矮对方一截，要处处忍让讨好。

我们分析讨论发现，章女士因为妈妈的原因，对学历有着特别深的执念，她内心有部分动力推着她不惜一切代价也要给母亲（替代性地）“圆梦”。不但在找伴侣方面执着，在育儿方面也是如此。她虽然还没孩子，却已经焦虑地自学了很多幼教知识，可以想象如果任其发展，她的孩子以后会面对怎样的成长环境。

高学历真的是幸福生活的必需品、选择伴侣的金标准吗？显然不是。但对章女士而言，这个“伪刚需”像一道魔咒，困住了她许多年。

从上述两个例子可以看出，区分特定需求是不是刚需并不是一件容易的事，却是一个值得投入的探索——事实上，这个探索更应在进入亲密关系前完成。

我和很多来访者有过类似下面的对话：

“他为什么对我这么渣啊？”

“当时他什么特质吸引你？”

“他字写得好。”

“我们在一起后我就没开心过。”

“当时他什么特质吸引你？”

“他琴弹得好。”

“他已经让我堕了三次胎了，你说我怎么选了这么个人？”

“当时他什么特质吸引你？”

“他北大毕业的。”

除此之外，还有上文“求仁得仁”的情况，比如：

“他什么家务也不做，什么事也不管，家里内外所有事情都得我操心，孩子也只有我带，我生病了都得一个人跑去医院打点滴。”

“当时他什么特质吸引你？”

“他不（像我妈那样）爱管我……”

婚姻是一个长期过程，其中体验冷暖自知。说到底，两个人能否在诸多情境下相处得好、待着舒服，能否一起面对问题、解决矛盾，这些才是最影响婚姻质量的关键要素，这背后是两个人的人格、性格、相处模式、处理问题的方法等是否匹配，而不是那些漂亮的“羽毛”。

一个人琴弹得好，你可以和他 / 她一起学、一起练，甚至一起组乐队；一个人文笔好，你可以做他 / 她的读者粉丝，或是故事接龙、以文会友；一个人有事业心、激情澎湃，你可以和他 / 她一起创业——但是，没必要只因为这些特质就和他 / 她建立长期亲密关系，特别是当你对长期亲密关系有其他重要刚需时。

现在，不妨先将你当下对 R2 的答案写下来，并在之后一段时期将这个问题悬在心里，在思考与体验的穿梭中随时修正你的答案。

3. 这个需求是不是必须在关系内被满足？（R3）

即便一个需求是现实性的，必须被满足的，但也不意味着它**只能**在婚姻关系内被满足，当我们太想把各种需求全塞在婚姻里满足时，反而会让关系不堪重负。

案例18

窦女士和丈夫本来关系很好，但在若干次并不严重的婆媳冲突后，一切都变了。

尽管每年和婆婆见面的日子极其有限，之前的冲突中丈夫也都向着窦女士，但窦女士心里有了疙瘩，和丈夫在一起时只要一牵扯到和婆婆有关的话题就会爆炸。日子久了，丈夫也开始抱怨窦女士太过敏感，自己好累。这让窦女士更委屈了，开始攻击丈夫向着婆婆，一来二去，两人的婚姻濒临崩塌。

我和窦女士梳理了她与婆婆之间的相处问题，并且做了一些调整改善，最后我们卡在了一个点上：婆婆口头上永远不认可窦女士，这让窦女士完全无法接受。于是我问窦女士："对你来说，婆婆的认可是你和你丈夫婚姻存续的前提吗？"窦女士愣了一下，表示从没想过这个问题，在她的心里，好像只有丈夫所有的家人都认可自己，"这日子才过得下去"。我继续问："婆婆的认可对你来说意味着什么？"窦女士想了想说："好像只有婆婆认可了，我才是个合格的妻子，我才能认可自己。"

说出这个想法后，没等我给出任何反馈，窦女士自己就笑了，她完全没料到自己居然是这么想的。等意识到这个超现实的观念后，她便主动调整了心态，很快她和丈夫的关系就得到了极大的修复。

我们继续深入讨论，窦女士进而意识到她执着于婆婆的认可、想要证明自己继而战胜婆婆、想要在婆婆眼里"翻盘"，很大程度上来源于她和母亲之间的议题：窦女士的母亲从不认可窦女士，而窦女士又一直格外好强，想要扭转母亲的看法但从未成功，再加上窦女士的父亲在母女间的"站队"问题也一直是她的心结，由此产生的不甘心和愤怒在婆媳关系、夫妻关系中被激活了。看清了这个过程后，窦女士认识到，虽然获得认可的需求对她是"刚需"，但处理她和母亲的问题是她自己的议题，完全没必要放在夫妻关系中解决。解除这层枷锁后，窦女士把和母亲的议题完全放到了咨询室里来解决，在婚姻中也放松了很多，不但和丈夫的关系大为改善，和婆婆互动时也没那么剑拔弩张了。

● ● ●

我们在社会中生存、生活的过程，也是在不断构建不同的关系、去满足我们不同需求的过程。满足需求的渠道越多，越不会严重依赖于某段特定的关系。反之，如果我们只能通过极少数的关系来满足大量刚需，就可能给关系带来过重负担，造成恶性循环。因此，这里不妨仔细思考，上述你列出的每一项需求，是不是“一定”“只能”在婚姻关系内满足，之后把你的答案填在 R3 列。

在不断修正表 3.1 后，也许你已经可以看清，自己在这段婚姻里究竟哪些需求是真正的刚需（R1、R2、R3 列的答案都是“是”)。如果这些刚需都被较好地满足，或是通过一些不太困难的调整就可以满足，那么离婚的意义有限；反之，如果你的刚需已经长期严重得不到满足，那么要在心底给这段关系亮黄灯了：这样的状态难以持久，我们或早或晚将谋求改变，包括离开。

对方的需求

可能有读者会问：为什么这里只谈自己的需求，不谈对方的需求呢？

因为婚姻的存续需要两个人都选择存续，而离婚只需要一个人选择结束就够了——当然，如果你心有余力，能够站在对方的角度上思考，甚至帮对方捋清他/她的需求，那通常是更好的。

有一种情况相对特殊：在双方关系建立时就是以一方“找爸/找妈”，另一方“当爸/当妈”为基础的（往往伴随着双方创伤的相遇），此时双方的给予和索取会严重不对等或错位，这种关系往往会经历一个极其如胶似漆的阶段，之后快速冷却或发生激烈冲突，闹得双方都非常痛苦。这样的关系如果不依靠专业帮助，在自行觉察处理时，梳理双方需求就显得格外重要。

一些读者还会面对一个反面议题：“我满足不了对方的需求，要不要离开？”

在这种情况下，建议首先处理自己的亏欠感，之后交由对方决定：如果选择留下，那就是双方都愿意留下，心中无须愧疚；如果选择离开，那就好好告别，满足不了对方的需求并不意味着谁做错了什么。

梳理、澄清关系中的刚需，是决策是否离婚的基础，也是改善关系的起点，在这个环节上多花一些时间是非常值得的。再次强调，如果你梳理完自己的需求，在理智层面已经顺畅清晰，但在体验层面仍有许多莫名且强烈的拧巴、不自在、失望、失落、委屈、愤怒等负面感受，那可能有一些需求、动力非常隐蔽，藏于底层，它们往往也和一些过往经历、创伤、情结有关，这种情况更建议寻求专业帮助。

延伸阅读

识别和处理自毁需求

一般情况下我们谈到需求，都是指那些“让自己更好”的需求，但在我们的心底深处，有时还会有另一股力量指向自我惩罚、自我伤害、自我毁灭。在离婚这一重大事件的冲击下，这股力量经常会被激活。识别并处理它们，不要让它们从内部的冲动转化为外部的行动，是非常重要的。

案例19

周先生因妻子出轨而离婚。之前他一直是其所在私募基金里的“金牌经理”，业绩极佳，但从妻子提出离婚开始，他的业绩一落千丈，在离婚半年后，已排行垫底。同事、领导，包括他自己都认为可能是因为心情不好导致了思考能力下降，但反复调整后依然无效。

我们进行深入讨论后发现，周先生的几次重大错误决策都不是面对复杂的问题时出现的，恰恰相反，复杂、有难度的决策周先生仍然做得很好——这说明他的思考能力没问题——所有造成重大损失的决策几乎都是“低级错误”。我们从这里入手，探讨了他想要“毁掉自己”的部分，识别了他内部四个之前未被觉察的动力。

其一，他潜意识中认为，是自己太过忽略妻子才导致了妻子的出轨，虽然在离婚过程中因为愤怒的情绪和财产方面的考虑，他从未表达过这个部分，但在内心深处，他想要惩罚自己。

其二，所谓“破窗效应”，周先生从小对自己要求很高，凡事都要求完美（这和他有个极度完美主义的母亲有关），在离婚之前他的人生也几乎可以用“完美”来形容，但离婚这一事件重重挫败了他，打破了他的完美倾向，让“不完美就毁掉”的动力冒了出来。

其三，与前两点有关的，在周先生的成长中，“让妈妈满意”一直占据了极其重要的位置，而离婚事件会让他在潜意识中认为自己对不起妈妈、伤害了母亲，因此要责罚自己。

其四，周先生和妻子是学生时代的情侣，有过多年很苦但很幸福的日子，这让周先生心底产生了一个幻想：是现在拥有的财富、地位葬送了他们的感情，如果回到过去那个一贫如洗的状态，妻子就不会离开——这个荒谬的想法从潜意识中浮上意识层面后，周先生自己都极其意外，随后大哭了一场，并开始承认，自己其实一直幻想妻子还会回来，幻想回到过去。

在该案例中，周先生“家底殷实”，自我惩罚的方向又与经济相关，因此虽然造成了较大的财务损失、事业倒退，但总体来说损失尚可接受。而在实际生活中，如果自毁出现在与人身安全、健康等有关的领域，或者在本身经济基础很脆弱的情况下仍进行经济方面的自毁，就可能造成更加难以承受的损失。

如果你能够意识到自己似乎在做出一些自毁的行为，能够觉察到自己底层相关的动力、需求，不妨和这个“想要毁掉自己”

的部分好好谈谈[1]，允许它存在，但不要付诸行动，等离婚议题相对安定后再另行处理。反之，如果你完全无法觉察出自己在被什么力量推着去做那些伤害自己的事情，建议寻求专业帮助。

[1] 安排在一个确定安全、安静、不会被打扰的时间和空间，摆两张相对放置的椅子，你坐在一张椅子上时代表想要自毁的部分，坐在另一张椅子上时代表其他部分，之后交谈，直到双方达成一致。这个交谈有可能带来比较大的情绪波动，如果之前就有过 a. 比较强的自伤、自杀的想法，或者 b. 已经出现过自伤、自杀的行为，或者 c. 正在精神科接受治疗，或者 d. 自身情绪很不稳定，或者 e. 出现过其他危险迹象，都不要贸然进行上述操作，如果一定要做，建议在有专业保护的环境中做。

4

Chapter

第四章

筹备资源

资源，既是尚未决定离婚时填补刚需缺口的能力，也是已经决定离婚时推进进程的筹码。

资源的多寡决定了我们能否贯彻自己期待的路线——当资源不足以支持我们在关系内满足刚需时，我们考虑离婚；当资源不足以应对离婚议程时，我们暂时回归蛰伏。因此，有意识地去识别、梳理与扩充自身资源，既可以帮我们认清现状、制定策略，也能够帮我们冲破困境、赢取未来。

资源是广义的：既包括内部的，也包括外部的；既包括物质的，也包括心理的。下面我们逐一讨论几项最常见，也最重要的资源。

你可以离开这段关系

无论是在婚姻内改善关系，还是决定离婚后推进进程，“可以离开这段关系”都是最重要的资源与前提，没有之一。

当你无法离开这段关系时，离婚的提议就只是虚张声势，改善关系的努力也只是无源之水——只要对方以离开相要挟，你就不得不放弃自己的坚持与边界，重新回到旧有的、更符合对方期待的模式里去。

长期看，可以离开一段关系通常只需要三个要素：经济独立；心理独立；可耐受一定的分离焦虑。只要具备了这三个要素，绝大多数困难都是短期的、可解决的或是可容忍的；缺少任何一个要素，我们就容易被对方牵着鼻子走。

经济独立

经济独立是一切上层建筑的基础，经济独立包含两个层面：现实层面和心理层面。现实层面的经济独立，指你的积蓄及收入水平可以负担基本的生活（如果争取抚养权，还要满足孩子的基本开支），离婚后不至于严重入不敷出；心理层面的经济独立，则是指你不会因为焦虑而过度夸大实际需要的收入或贬低自己的挣钱能力。

案例20

金女士一直以来靠伴侣的超高收入过着相对优渥的生活，但两人性格严重不合，随着生活的继续矛盾愈演愈烈，金女士十分痛苦，却无法下定决心离开这段关系。

最初金女士提到自己无法离开是因为经济不独立，可其实她收入虽然不高，却有着相当的积蓄，哪怕两三年没有收入也可以过品质尚可的生活。我们一起分析了她的日常开销，发现她日常开销也并非奢靡无度，以她的收入水平虽然生活质量确实会有所下降，但也没到伤筋动骨的程度。

我们继续讨论，发现金女士出生在一个非常“拿钱说事”的单亲家庭，每年春节她都需要“衣锦还乡”，用自己的优越生活“堵上七大姑八大姨的嘴”，用出手阔绰“抽那些舅舅们的脸”，用远高于自己收入水平的礼品“让妈妈放心、别唠叨”。因此对金女士而言，“好多好多钱”成了必备品，她无法舍弃那些其实并非真的必要的钱，哪怕常年忍受痛苦的生活并对自己的身心造成了真实的损伤。

如果你经济不独立又考虑离婚，那么，制订一个**可逐步实现**的规划并尽力推行，用几个月到几年时间让自己首先做到经济独立，通常是最优选择。一些人面对这一状况会一再延后经济自主的时间，而把精力重点放在其他细枝末节的改进上，或给自己找一些理由，比如最常见的是“等孩子大了”，这种逃避策略往往会带来更多痛苦。

如果你收入尚可（比如达到所在城市人均收入），却因为自认为“经济不独立”而不得不长期忍受一段糟糕的婚姻关系，那么也许可以追问自己一些问题，比如：我所谓的经济不独立，是指离开了这段关系就无法生存，还是无法保持比较高的生活水平？我可以接受什么水平的生活？具体每个月需要多少钱？开销流向何处？为了经济独立，我愿意放弃什么、付出什么？我是否要求自己，如果开始“开源”，就必须一次就成功？我是否认为自己值得拥有更高的收入？等等。

案例21

刘女士有名校硕士学历，工作刻苦，能力很强，经常拿到部门优秀奖，但她的工作回报却长期远低于市场平均水平。

经过探讨，刘女士坦言自己成长在一个“以苦为荣”的家庭中，在她心里，“挣那么多钱就不该是我过的生活啊”的思想根深蒂固。并且一个人如果谈钱、如果为自己争取更高的薪资，在她的家族里是一件丢人的事情，“但求耕耘不问收获”才是正道。

在这样的心态下，职场上遇到的升迁、跳槽机会她一概无视，认为那些机会和她无关；薪酬明显被压低了也从不主动和老板谈加薪。但最后，“不如她”的同事得到了机会、涨了薪水后她又会心理不平衡。在这样的收入情况下，面对是否离婚的决定，刘女士感到底气不足。

如何实现经济独立是一个非常复杂的问题，这里不可能穷尽所有情况，不过对于大多数人而言，如果你身体健康、智力正常（能完成初高中学业）、家里没有需要巨额开销的重疾患者，那么，困住你的通常是自己。

心理独立

心理独立，意味着自己选择，并自己负责。

面对离婚这类重大生活事件，当你做出决定时，意味着一个“相对可预见的未来”（哪怕是“坏的”未来）离你而去，取而代之的是充满未知的旅途。承受这个变动过程中的压力，需要足够的心理韧性。

在离婚过程中，孩子、父母、身边人等都会给你带来或大或小的影响，这些声音中有的和你期待的一致，有的相反。更多时候，我们的内心就是矛盾的。想要拨开纷乱的扰动因素，在信息不全、无法预测未来的大前提下做出决策，需要我们有落子无悔的觉悟。

有关选择的议题，我们将在第六章中重点讨论。

耐受分离焦虑

离婚是一场分离，和曾经耳鬓厮磨之人断开联系，这个过程必然会激活我们的分离体验。有些人比较幸运，幼年没有经历太多被抛弃的体验，面对分离时也可以被较好地安抚，继而内化较强的自我安抚能力，对这类人而言，分离过程中产生的焦虑相对温和，也相对容易被处理、耐受。而对于不太幸运的人来说，离婚、分手带来的分离会激活其类似婴幼儿和主要抚养人（通常是妈妈）分开——甚至被抛弃——的体验，这种灭顶之灾式的恐慌会让他们每每停留在离婚边缘，哪怕已经十分不幸，也无法再向前一步。

在相对不幸的人群中，有一类人格外突出。他们往往有着不错的社会成就，职场上敢打敢拼，严格要求自己，情绪相对稳定压抑，而他们所有柔软、有情感的部分都被集中在极少数的关系中，甚至极少数的时刻。面对离婚这种扯断依恋纽带的分离，这类平日的“职场强人”也会表现得像个孩子，因为这个过程激活了早年未被处理的创伤体验。

如果你属于“不太幸运”的一类人，分离焦虑严重地影响了你的决策，并且暂时没有条件寻求专业帮助，一个简便的“包扎”方法是尝试和自己对话，分清离婚所引发的恐慌感中，有多少属于“我作为一个成年人要离开另一个成年人时”的焦虑，有多少是激活了当年的恐惧，之后告诉自己，当年的恐惧以后找时间慢慢处理，眼下先“隔离”一下，处理好“这一刻”的分离。

一个简易好用的技术手段是，你可以尝试闭上眼睛，做几次深呼吸，想象那些由分离激活的可怕的意象、负面的情感从你体内抽出，形成一“团”有形之物，再想象眼前出现了一个安全、坚固、随你召唤的容器（比如带锁的箱子），将那“团”东西放入其中，盖严锁好，之后再将此容器安放在你想象中足够安全、保密的地方，并和自己约好，待一切尘埃落定之后，你会再次将它召唤出来，去面对、安抚、处理那其中埋藏的情绪与情结。

你改变自身的意愿与能力

无论处在离婚进程的哪个阶段，你最重要的资源都是你自己。而在你内在、外在的诸多资源中，自我改变的意愿与能力永远排在第一位。

亲密关系从建立伊始，就在不断向某种平衡状态演进。若你是关系里更痛苦的一方，那意味着对方在关系中的获益很可能多于你，此时如果你都不愿意改变，期待对方有很强的动力忽然改变、主动打破业已建立的平衡、让你的体验变好，就更可遇而不可求了。

而选择改变，意味着跳出舒适区，对自己过往的心态、行为给予一定程度的否定、改良（这对一些很害怕面对“我有错”的人非常困难，第五章会进一步讨论），舍弃一些轻车熟路的相处模式，这些都可能带来诸多短期的阵痛。能多大程度地耐受这些阵痛，保持自省的心态和调整的意志，并且时刻保持开放、学习的态度和直面自身议题的勇气，决定了你可以在自我成长的路上走多远。

案例22

黄女士知道自己脾气不好，所以当丈夫因此提出离婚诉求时，她又伤心，又无力。

我和黄女士讨论得知，黄女士在面对孩子时脾气尤其暴躁，动辄打骂，过后又极其后悔，对丈夫也是如此。用丈夫的话说，“回家后没有一刻敢放松，生怕一不小心惹着她了就会炸”。黄女士也知道“这样做不好”，但就是无法改变。随着我们的进一步工作，我得知黄女士成长在一个父亲缺席、母亲充满恶性暴力的环境中，所以她长年处于一种高度敏感的应激状态，同时也在长期的言传身教中学会了相同的相处模式。

在她又一次把孩子打伤后，我问黄女士：“你当时很生气，把他打伤了，然后你又后悔。如果重来一遍，你可以怎么做呢？”黄女士愣了半天，告诉我她不知道。

很多人都会面对类似的困境，他们只知道“这样不好”，但偏偏“这样”又是他们唯一熟悉的相处模式，如果问他们“怎样才好”，他们是茫然的，或者回答是单薄的。

习得新的相处模式需要一个漫长的学习、成长、补足的过程。

我和黄女士又工作了一段时间，她渐渐学会并熟练掌握了一些新的相处模式，也能够在暴怒时及时暂停并寻找其他情绪处理方法了。然而，我们之后的工作一度陷入了停滞，黄女士和丈夫、孩子的相处虽有所改善，但还远远不够。

在她又一次爆发后，我们讨论为何会出现这样的状况，这触及一个更深的议题：黄女士在充满暴力虐待的环境中长大，外部的暴力施虐反复出现、反复强化，以致她早已在心里认同了这个部分。这时，如果她对丈夫、孩子和颜悦色，会出现两个让她无法接受的复杂情绪：其一是“凭什么他们可以被好好对待，而我却从没有获得这样的待遇”的不平与不甘；其二是“如果他们可以被温柔对待，那我当年强咽下去的愤怒和委屈岂不是白受了”这种底层的不自洽。二者混叠，进一步引发了她更大的情绪反应。

处理完这些部分后，黄女士在和丈夫、孩子的相处中改善了许多，在她的影响下，丈夫也开始了成长改变之路，两人的关系得到了修复。

有时，我们会有“凭什么我先改变”的不公平感，这背后是将“先改变”“先成长”等同于示弱、弱小、认输。事实上，在我接触的案例中，往往是那个心理更强大的人先主动改变，而那个愿意成长、改变的人，无论当时所处的婚姻是否存续，之后无一例外都更接近了自己想要的生活状态。

夫妻做出改变的意愿与能力

两个人的关系**无法**由一个人**决定**，很多人会有意无意地忽略这一点，尤其是在关系中偏受虐的一方。

案例23

魏女士生长在一个对子女要求严格的军人家庭，从小就被教育“凡事先从自己身上找原因”，长大后在关系中也秉承同样的理念。每次发生冲突、争吵后，都会先反思自己有哪里不对。重要的是，魏女士的丈夫是个“凡事都先从对方身上找原因”的类型（魏女士寻找这一伴侣时潜意识中也包含着对这一模式的钦羡，这是另一个话题）。因此在相处之中，每次吵完架都是魏女士一再检讨，丈夫一再指责，就连面对丈夫多次出轨的事实，魏女士也会检讨是不是自己做得不够好，丈夫会顺势指责说“都怪你太强势”云云（实际上其丈夫比她强势得多）。甚至最初前来找我求助时，魏女士都表示“我是想找专业的人帮我看看我到底错在哪儿”。

我们发现，除了从小被灌输的“内归因”系统外，魏女士还有一个幻想：“只要我足够好（足够压榨自己），总可以改变对方”，所谓“精诚所至，金石为开”。我们继续探讨下去，发现其实她从小到大也一直试图通过压榨自己来讨好父母、扭转父母对她的态度。而这一惯性模式让她在关系内处处受虐，并且每当“离婚”这一选项提上议程时，“要不要再试试”“没准再坚持一下他就会改变了，现在放弃太可惜了”等念头就会冒出来干扰她，而事实上其丈夫除了口头的应允外并无任何改变的动向。

最后，魏女士的婚姻拖了许多年才结束，结束时魏女士哭着告诉我：“领到离婚证那一刻我就觉得太舒坦了，我早干什么去了？白白浪费了这么多年，多过了这么多年的苦日子……”

在关系中，我们有时可以通过改变自己来影响对方，甚至改变对方，但这有一个前提，即对方或多或少有一些自我改变的意愿和能力。如果对方完全拒绝改变，那么可以认为该项资源非常薄弱；而如果对方想要改变，只是短期内做得不够完美，或是想要改变但不知从何入手，又或是虽然有些犹豫和顾虑，但是打消了这些犹豫顾虑后还是愿意为了婚姻的存续有所付出、有所改变，这些都是珍贵的资源。

一般而言，两人都有比较强烈的改变意愿的婚姻大多有救。

原生家庭的支持

当离婚演变为浩大而漫长的战役时，原生家庭则经常会成为这场战役的后勤基地。

遗憾的是，很多人不仅没法从原生家庭获取支援，还要花费大量精力来应对其带来的压力，甚至有时“不知道如何跟父母交代”“害怕被他们指责 / 奚落 / 嘲笑”等顾虑还会构成阻碍离婚的最大压力源。

因此，在准备离婚的过程中，我们往往需要详细评估原生家庭可能给予的支持或阻碍，评估时建议按表 4.1 整理思路。

首先，我们可以按心理（父母的支持或反对）、物质（资金、住房等）和人力（接送、照顾孩子等）将我们（对原生家庭）的需求分类，填写在表 4.1 第一行。

然后，凭借对父母的了解及相应的沟通，尝试增加父母可以提供的支持，将其填入第二行。

最后，比对我们的需求和父母可以提供的支持，看看缺口是否太大，以及有没有替代方案、如何解决，将其填写在第三行。

表4.1 原生家庭在离婚过程中的支持评估

	心理方面	物质方面	人力方面
我的需求			
父母目前提供的			
缺口的解决方法			

在争取父母支持这个议题上，有一个重要的基础，即我们是成年人，自己选择自己负责。我们并**不必须**告知父母我们的离婚打算，也**不必须**征得他们的同意。

如果你看到上面这句话觉得很自然，那么请往下阅读；如果看到时心里“咯噔”一下，那么请稍加停顿，觉察内心这个还没长大独立的部分，标记一下，择机处理这个部分。

在这个“我可以告诉他们，也可以不告诉他们”的基础上，我们可以根据对父母的了解，选择最有利于我们的策略：如果在离婚前告诉他们，他们会尊重、理解你，平等友好地讨论并给予支持，那就提前和他们讨论，这是最理想的状态；如果提前告诉他们，他们虽然会发出批评的声音，但总体仍是支持多于阻碍的，也最好尽早沟通；如果提前告诉他们，他们会被自己的焦虑淹没，或是由于无法耐受自身的失控感等原因对你施加太多额外的压力，但当离婚已成定局、离婚证已领时他们还是会给予现实层面的帮助，那么就要妥善考虑告诉他们的时机，未必需要提前告知；如果无论任何时候，他们得知你离婚的消息都只会向你施加巨大的额外压力，那么你不一定要告知他们你的决定。

沟通技巧方面，可以参考本章的延伸阅读部分。

需要特别说明的是，在我实际接触的个案中，大约只有一半来访者成功预测了父母的反应，剩余大部分来访者的父母表现出了超乎预期的良好反应，真正表现得比预期还差的父母相对较少。

与此同时，阻碍我们争取父母支持的最重要因素常常是我们自己，这时候我们需要分清主次，做好“统战”工作，团结一切可以团结的力量，先集中资源打赢优先级最高的硬仗。

案例24

康女士的婚姻已经陷入不可挽回的状况，她却无法下定决心离婚。在剥离了经济、育儿、丈夫改过自新的可能性（十年来表现愈发恶劣，没有任何迹象表明其有可能改善）等诸多表面理由后，康女士开始面对真正的原因：她觉得无法和父母开口说离婚这件事。

康女士成长于单亲家庭，母亲对她在生活起居上百般溺爱，精神上却百般虐待。因此，康女士极其害怕让母亲知道自己有可能要离婚——在她看来，母亲要么极其焦虑，先于自己崩溃，要么陷入自怨自艾，不断指责和羞辱她。与此同时，康女士还担心在离婚后母亲更能肆无忌惮地插手她的生活，这是她绝对无法接受的。

经过一系列预演后，康女士决定暂时向母亲隐瞒离婚议题。

但由于长期的惯性和内心的恐惧等复杂因素，康女士最终还是提前让母亲知道了这一议题。出乎她的意料，母亲先是习惯性地嘲讽了她几句（核心在于强调自己看人更准，并抱怨之前康女士结婚时不听她的），之后便告诉康女士自己想好了就去离，需要经济支持跟她说，没再说别的。这个结果远远好于康女士的预期，并且极大缓解了她的焦虑。康女士随即便坚定地推进了离婚进程。

正式办完手续后，母亲虽然确如康女士所料试图插手她的生活，但康女士坦诚地和母亲交流后，经过几次不大的冲突，母亲并没有再过度强求，这也与康女士之前的预期完全不符。

在复盘的时候，康女士坦言，自己一直以来太过恐惧母亲，以致她一方面误判了母亲的反应，另一方面也把“照顾好母亲的情绪”放在了所有事情中的第一位，甚至超过了“我要去过好的生活”，这使得她白白与“渣男”前夫多纠缠了两年，并且额外承担了极大的心理负担。

其他支持系统

如果把我们的人生比作一张桌子，支持系统就好比支撑桌子的腿。腿越多、越粗，桌子就越稳，在狂风呼啸时就越不容易被吹翻。面对离婚这场“狂风”，我们也需要尽可能多地调动资源，帮我们应对这场挑战。

在这个过程中，可以动用的资源包括：

- **可以信赖的关系。**闺蜜、哥们儿、师长、领导、同事、孩子同班同学的家长、让你有归属感的团体……所有可以调动的人际资源要尽可能调用，不要怕欠人情，以后还上即可。宠物的陪伴在这一时期往往也可以带来巨大的支持。
- **资金储备与现金流。**经济安全是“离好这场婚”的基础，要予以充分重视。面对离婚时，有些人会在焦虑的压迫下做出不理智的经济选择，比如疯狂消耗手头的现金，或者切断本就脆弱的现金流等，这些行为都应避免。

案例25

林女士一直没有收入，存款也不多。在面对分手时，为了“在之后的‘婚恋市场’上更有竞争力”，她打算报名参加一个耗资巨大的美妆培训（这与她的职业发展并不相关），这笔投入将极大影响她的财务状况（会在两三个月后交不起房租）。

经过一番讨论，林女士意识到她并不需要立刻参加这个培训，驱动她做这个选择的是底层焦虑，即希望在这个失控的现实面前可以“一把翻盘”，并且让两段亲密关系“衔接上”，仿佛没有发生过分离一般。

显然，这是一个风险极高的赌博，不止会极大增加她的财务风险，而且这种“没有退路”“必须在短期内立刻找到新的‘饭票’确定亲密关系”的心态也必然会影响她择偶、约会时的行为与决策，为未来埋下更多隐患。

看清这些后，林女士选择留下美妆课程的钱，给自己一个相对充裕的缓冲期，以提高收入水平为第一优先。

- **事业与爱好**。在经历人生的重大变故时，稳定的事业与爱好可以给我们带来重要的精神支持，在离婚期间不要轻易中断。
- **专业帮助**。离婚的过程既复杂又重大，非常消耗精力和心力，因此，在不影响自身经济安全的前提下，寻求可靠的心理、法律甚至安保等方面的专业帮助，把有限的注意力集中在最需要你自己想明白、拿主意的事情上，收益往往更高。

攻击性资源

攻击性是重要的心理资源与能力，在使用恰当的前提下，它承担着保护自身安全、争取切身利益的功能。在离婚过程中，我们往往希望与对方“分得优雅体面”，但如果双方势同水火，无法在利益方面达成一致，又都不肯妥协，那么“合作协商策略”就有可能翻转为“敌对斗争策略”。此时，攻击对方的能力就自然被摆上了台面。

在动用“攻击性资源”前，你需要做好三个准备：第一，问自己，是否已经走到了这一步，这一步迈出容易回头难；第二，问自己，是否做好了对方反击的思想准备和现实准备；第三，寻求法律方面的专业帮助和指导，明确攻击行为的边界与相关的自我保护措施。

进入“互相攻击”阶段后，双方打打停停，通常会以一方心理上撑不下去、现实上折腾不起、害怕另一方做出更出格的事而结束。

攻击方法因人而异，在合法范围内有效的就是好的。

攻击对方在意的、难以承受的、性格有缺陷的部位往往是有效的。

与一般的刻板印象相反，在我遇到的案例中（以城市白领阶层为主），多数情况下女方的伤害能力和承伤能力会被双方低估，男方的伤害能力和承伤能力会被双方高估。很多走到“你争我夺”甚至“互相攻击”阶段的伴侣，只要女方持续攻击下去，最后都以男方付出法律规定外的高额经济利益结束，而阻碍女性动用这项“攻击性资源”的往往只是“我怕”。

再次强调，这种攻击性资源就像核武器，最好要有，并且让对方清楚地知道你有，但不要轻易动用。

在上面提到的这些资源中，有的难以快速积累，有的可以迅速扩充，不同人增加特定资源的难度也有所不同。如果你在面对离婚与否的岔路上感觉无论往哪边走都极其艰难，那么可以考虑提高“扩充资源”的优先级。毕竟巧妇难为无米之炊，如果你的牌太少，再正确的策略也会举步维艰，受制于人。

表 4.2 可以帮助你梳理思路。

表 4.2　资源筹备表

我所需要的资源	是否就位	可行的扩充方法

延伸阅读

与父母沟通

对很多人而言，如果难以与父母交流，那么放弃心理、物质、人力三个层面中的部分需求往往是破局的关键。

在实践中，与父母沟通时的难点往往出现在“认可我还是认可你，安抚我还是安抚你”上。有的父母人格发展水平较好，可以处理好自己的情绪，也能“拎得清”轻重，这时交流会相对容易；有的父母人格发展水平一般，与他们交流时，我们需要学会“翻译”他们说的话，并且“先认可，再影响”，起到四两拨千斤的作用——如果要求对方先认可自己、安抚自己，则很容易陷入争吵。

对大部分父母而言，可以采用这样的话术（注意顺序）：

A. 承认父母的付出、高瞻远瞩……必要时说出对方的潜台词；

B. 承认父母的感受和担忧，同时也表达自己的感受（可穿插进行）；

C. 明确表达自己的决定、边界和需求；

D. 对有些父母来说，需要反复强调边界。

举例而言，比如一个妈妈听到了女儿离婚的决定，非常忧虑女儿的未来，女儿可以说：

妈妈我知道您很担心我，这些年您帮了我们许多，您也是为我着想，不想我处在一个很动荡的状况下（A）。坦率说我压力也很大，包括现在和您说还是都办完了再说，我也很纠结，因为我知道离婚这事儿说出来一定给您添堵，让您心烦，毕竟不离的话以后几十年基本还能看得清，离了的话真说不准以后一定会怎样了。您有顾虑、心疼我，这我都知道，而且您这么大岁数了，再让您为我操心，我也愧疚，也心疼（B）。但我犹豫了两宿，还是决定现在和您说，一来我很爱您，我也知道您很爱我，所以我觉得这种时刻不该瞒着您，我觉得说出来之后您是能体谅我的难处的；二来我也下了决心，后面的事儿我也都想清楚了，具体如果您有什么顾虑我们一会儿说。离婚这个过程中我需要您搭把手，半年内帮我接送一下孩子，我是真的挺不好意思开这个口的，我也想您舒舒服服在家歇着，但确实事情太多了我得腾出手一件件处理（C）。当然，如果您不方便也没关系，我也已经有备选方案了，您不用有什么压力（变式 D：您不同意我也会推进下去）。

这是一段相对良好的对话，如果和原生家庭关系紧张、父母不好沟通，或是出现了父母意外提前知道了离婚事宜等状况，在互动中爆发了冲突，那么最好以“承认可以承认的，安抚可以安抚的，澄清可以澄清的，守卫必须守卫的，留存暂时无法改变的”的心态进行交流。以下为虚拟对话，M 代表母亲，D 代表女儿。

M：你知不知道这么些年为了你俩好我们付出了多少？！！

D：妈我承认您确实付出了很多，辛苦了！（承认）

M：你知道？知道你还离婚？你把我们的脸都丢光了！

D：妈您受委屈了！（承认，安抚）

M：你知道就别离啊！

D：我已经决定了，我一定要离的。（守卫）

M：我就想不明白了，这日子过得好好的，离个什么劲儿啊？！

D：如果您是真的想听我说原因，我很愿意和您交流，但如果您只是想劝服我，那，妈妈，我们都是成年人了，我已经做了决定

了。（守卫）

M：我不听你说那些歪理邪说，谁家不是这么过来的？一点儿小事儿就闹离婚，哪儿有这么敏感的！

D：妈我知道您很担心我，希望我的生活在那个既定的轨道上（安抚），但我确实和您的观点不大一样，我认为婚姻里的相处体验是重要的，而这段婚姻里我的体验已经很差了，并且我们几乎尝试了所有能尝试的，还是无济于事。所以我才做了这个决定，这个决定对我来说也很艰难，但我已经下定决心了。（澄清，守卫）

M：你不能只想自己啊！你爸被你气得心脏都不好了，你这也太自私了！

D：让爸妈担心了！我晚些去看看爸，让他好好休息！（承认，不必争论）

M：你别跟我来这套！而且你不为自己想，不为我们想，就不为你孩子想吗？你离婚你孩子就毁了！

D：我已经安排好了，也储备了一些知识，何况哪儿有完美的成长环境？孩子他摊上我们这样的爹妈，我们就在力所能及的范围内做好，陪他长大就是了，更多的给不了就是给不了，他也没生下来就家财万贯不是？（承认，守卫）

D：我当年为了你可没和你爸离婚！

M：妈我知道您为我付出很多[1]。（承认）

M：那你怎么能这么自私！就想着自己？！

D：如果您认为先把自己照顾好，有余力再去照顾别人是自私的话，我确实就是这么“自私”啊，也没打算改。（承认，搁置）

M：你知道这样是错的，为什么不改呢？

D：我看到您很希望我改成您期待的样子，但我并不想，至于我有没有错，我们可以各自保留观点。（承认，守卫，搁置）

M：你这是要气死我啊！

D：妈我希望您长命百岁！（澄清）

M：我不跟你扯这些，你要离婚，我就去死！

D：妈我还是很希望您能活得长些、活得开心些，您死了我会非常伤心的。但您是成年人了，我也是。要不要离婚是我的事儿，我决定，要不要去死是您的事儿，您决定，我们真想做的事儿对方都是拦不住的。（搁置，守卫）

当然，父母的问题极其复杂，很难一概而论。如前所述，对

1 如果不想大吵一架，忍住“我倒希望你们离”“您没离我也没过好啊”“您就是自己不敢离又不想担责任所以推我头上”等冲动。

于开明的父母，我们可以更敞亮地谈论自己的思考、顾虑、前因后果，也可以征求他们的意见；对于一些更专制或是难以相处的父母，要明确“我是在告知决定和争取资源，不是在征求意见”的态度；对于一些更为恶劣的父母，则要考虑是否提前告知他们离婚的决定。

表 4.3 列举了一些父母常见的反应及其可能的潜台词，供交流前做准备，需要注意的是，这些潜台词是供我们理解“对方在说什么”并制定相关策略的，并不需要直接告诉对方“你这么说的潜台词是 ×××”。

表 4.3　对于离婚父母的常见反应

父母的表达	潜台词
你现在离了以后找不到，这辈子就毁了！ 你再找一个就能满意吗？ 你年纪太大了又是女博士，不好找的！ 他会改的。 孩子怎么办？孩子会毁了的！ 你就没做错吗？ ……	我很失控、很焦虑，你提的这个问题让我不知道该怎么办好，我好想一切回归可控啊，你最好别给我添麻烦。
不都这么过来的吗？ 你太敏感太任性了！ ……	我用“这是合理的”来防御我自己的苦难，你不能破坏我的自洽，“人艰不拆”！

续表

父母的表达	潜台词
是不是我们对你不好？ 是不是我们对他不好？ 你是不是也做得不好？ ……	如果压榨我们或者压榨你可以让事情可控，就使劲压榨吧！确定的苦难总比未知的未来好，那可太让我焦虑了……
你这么只想自己太没道德了，他怎么受得了！ 谁能忍你这脾气啊？ ……	我要做个完美的“好人”（受虐、付出、无瑕、低于对方），你得跟我一起做。
你让大姨怎么看我们啊？抬不起头的！ 别提这事！丢不起这人！ ……	我期待所有人都关注我（而不是不在意我），同时我认为离婚是可耻的。
我当初就说他不行吧？你还惹我生气！ 就为你俩我们付出了多少？现在说离就离？ 现在知道还是妈妈最爱你了吧？ ……	我需要你认可我，也需要“你需要我”。你离不开我，才能说明我是有价值的（事实上是我无法承认我离不开你）。
你离了我就去死！ 你离了能把你爸气死！ ……	我就吓唬你一下，让你也体验一下我有多害怕。

5

Chapter

第五章

尝试改变

想要促进一段关系改变，第一需要足够的资源，第二需要基础的心态，第三需要一些技巧。

第四章已经详细阐释了资源问题，这里再次强调一下，对于改善关系来说，最重要的资源是双方都有自我改变的动力。如果只有一方愿意改变自身，则改善关系通常会比较艰难。如果双方都只希望对方改变而拒绝自我改变，那关系改善的可能性接近于零。所以，本章重点讨论的是双方都希望改善关系、都愿意有所付出的情况。

确认对方的意愿

在确认对方是否愿意改善关系时，我们需要让对方明确知道在具体的时间、具体的事项上不改变会带来的后果。在很多夫妻中的一方（往往是女方）已经失望透顶、考虑离婚时，另一方还完全意识不到自己伤害了对方，更意识不到自己的婚姻真的可能结束，这种情况应该优先避免。

事实上，无论离婚与否，相处之中只要出现了不满，就应确认对方是否有改变的意愿——当然，应尽量友好讨论，抱有开放的态度，接受有时自己需要改变的情况——当令你不满的事情反复出现时，更要明确无误地向对方传递“你这样做是有后果的”甚至“你这么做会伤害到我/我们的婚姻关系”等信息，争取讨论出双方都能接受的解决方案，并以对方的行为（而非言语）作为其是否有意愿改变的判据。

需要注意的是，预期的改变未发生时，对其原因的解读不应是非黑即白的，我们需要用心体会、分析并与对方充分交流，在“他/她只是没做到/有别的原因，本身改变的意愿很强”和“他就是毫无改变的意愿/故意不改变”这两极之间做出尽量客观的判断。

改变的心态基础

谋求改变的心态涉及两个层次：改变自我所需的心态，以及，改善关系所需的心态。

如前文所述，改变自我需要的心态基础，是不把改变当成对自己的否定或认输——关系中那个心理更强大、心理资源更丰富的人通常会率先尝试做出改变，这标志着一个人的心理韧性更强，自我调节能力更强，成长性更好；而改善关系需要的心态基础则是能够离开这段关系。

什么都不愿意舍弃，就什么都无法改变。从这个角度讲，要实现自我改变，意味着你要先允许自己放弃一些东西，也许是早已习惯的模式，也许是“面子”，也许是心力和时间，也许是耐受不愉悦的对话，等等。

案例26

肖先生一直自认为是个“好丈夫”，遇到事情和妻子“积极沟通”。所以当妻子出轨，婚姻濒临解体时，他先是被“打蒙了”，随后又试着压着怒火继续与妻子“沟通解决”，但两人的关系却并未如他所愿出现任何好转，反而愈发恶化了。

我们一起复盘了他每次和妻子“沟通”的过程，发现肖先生很擅长“讲道理”，沟通中一直非常“正确”，之前几乎所有沟通都以妻子被说得哑口无言结束。我们讨论发现，“讲道理”是肖先生最为“擅长”的领域，而妻子每每“沟通”后都会从郁闷变成更加郁闷，还因为是“没理的一方”所以郁闷也说不出口，最后在关系外寻求安慰。

看清这些后，肖先生意识到，如果他还想改善这段关系，就要先放弃自己“擅长”的这套“最佳辩手”体系，并尝试使用一套与从前不同的交流体系。这意味着在一些交流时刻，他将不再是那个“无比正确”“更胜一筹”的人——这是他想要改变必须付出的代价。

总体而言，在不太勉强自己的前提下，我们可以容忍自己改变的领域越宽，关系的弹性越大。这需要我们扪心自省，看清内心，哪些是我们可以放弃和改变的，哪些是我们绝不能放弃和改变的，以及为什么。

寻求改变的三个原则

在寻求改变的互动中，要遵从以下三个原则。

原则一：用商量、合作替代对抗、竞争

很多伴侣解决冲突的模式不是“我们一起来看看到底发生了什么，下次可以怎么办”，而是“我倒要看看是你对还是我对”“是你付出更多还是我付出更多”“是你对不起我还是我对不起你”“是你先低头还是我先低头”，或是其他类似的对抗/竞争模式。当我们采取这样敌对的态度时，是不可能坐下来好好交流、寻求改变的。

由于这类模式的产生往往与成长环境中耳濡目染的“榜样”有关，因此调整起来也并非易事。

如果你发现自己习惯于使用这类对抗、竞争的模式，不妨扪心自省，追问自身：我在争的那个东西对我来说意味着什么？争到了给我什么感受？争不到给我什么感受？

比如对有些人而言，“我是正确的”意味着“我对你做任何事都是合理的”，反之，“你正确”就意味着“你可以对我做任

何事”。如果有这样的预设，那自然要死咬住那个“更正确”的位置不放，因为“不正确”会带来强烈的不安全感。再比如对有些人而言，“你欠我的”是“我提需求”的前提，这就会让他们经常将自己置于一个怨气满满的“被亏欠的好人”的位置。

当我们看到这些“争”的东西背后的诉求时，可以进一步思考：真的如此吗？从结果看，我这样做能得到我想要的吗？有没有副作用呢？以及，我想要的东西只能通过这样的途径获得吗？

在回答了这些问题之后，我们还需要思考，有没有可能尝试一个不同的相处模式，在**合作**中处理伴侣间的矛盾。

案例27

余女士和丈夫三天一小吵，五天一大吵，日子就要过不下去了。

余女士前来求助时，我很快就发现这个案例过于“好做”了：余女士从头到尾不停在说，根本不给我说话的机会，即便我偶尔给一两句反馈，她也会迅速打断，再回到她自己的述说节奏中。更糟糕的是，余女士的叙述混乱而重复，让人必须强打精神才能不走神——而即便我走神一会儿，等回过神来时她还在谈同一件事。

可想而知，在生活里，她是不可能和丈夫好好沟通的。

我向余女士反馈了我的观察，没想到她勃然大怒，之后格外伤心，开始哭诉哪怕在咨询室，也得不到我的接纳，也在被我指责，就像她在生活里总被指责一样。

这时我才意识到，余女士的议题不只是那个“不停在说”“说得混乱”的部分，其背后还有更深层次的创伤。

进一步工作后，我们发现，余女士从小生长在一个扭曲的环境里，在这个环境中，所有对话都围绕一件事，就是“到底是谁的错”。所有人都在指摘他人，哪怕余女士小时候发高烧了，母亲得知后第一句话也是“这你可赖不着我，是你自己衣服穿太少了”。与此同时，在这个家庭中，“对”的人可以为所欲为，“错”的就只能任人宰割。所以，余女士极度恐惧自己是“错的”一方，所以总在拼命解释和强调，而我的反馈让她认为我是在指责她做错了，是要她为糟糕的婚姻状态负责，并且我打算像她父母一样狠狠攻击她，这让她十分崩溃。

当我们呈现了这个部分后，余女士渐渐安定下来。“放下对错才知答案”，她从尝试着和我合作开始，慢慢学习一种“不是对抗、挑对方的刺儿，而是合作”的相处模式。

几个月后，她开始尝试和丈夫合作。但一开始并不顺利，因为丈夫也有他自身的议题，双方很快又陷入了你对还是我对的争执中。一次大吵过后，余女士很困惑地向我诉苦："你说不应该陷入对错的争议，可这事情不明摆着吗，要不听他的要不听我的，那可不是谁对听谁的吗？"我问余女士："有没有第三条路？"余女士想了半天说："没有。"我试着问她："你想过和老公'商量'一下吗？而不是'不是听你的就是听我的'。"余女士睁大了眼睛，想了半天，告诉我说："我从小到大，就没见过什么叫'商量'。"

我们开始从头梳理和练习，半年后，余女士总算可以顺畅地和先生"商量"事情了，他们的关系也随之得以修复。

与自省的方法类似，在沟通交流中，当我们发现对方卡在了一个让我们觉得难以理喻的议题上时，从"对方在争的是什么"这一角度出发思考，往往可能破局。

案例28

费先生对孩子非常粗暴，经常动手，郝女士忍无可忍，提出离婚。作为最后的努力，两人一起前来咨询。

收集了一些信息后，我发现费先生的表现有些奇怪：他其实很爱孩子，也愿意为孩子付出，为了辅导孩子，他在孩子上课外班时全程听讲、认真做笔记，在他和郝女士的相处中也没有暴力倾向。可是一提起对孩子的暴力，他就变得易激惹且亢奋，滔滔不绝地开始讲这为什么是必要的，他动手是遵循什么原则，为了什么目的，等等。

种种迹象表明，他不是一个人格发展过低的暴力狂、施虐狂。

在费先生又一次打了孩子，然后在咨询室里大谈特谈他的理念时，我问他，如果孩子不必挨打也可以成长得很好，对他来说意味着什么？费先生愣了一下，有些茫然，然后继续回到了“孩子为什么必须打”的演讲中。

这一次我打断了他，问他：“我记得你小时候也常挨打，你那时候感受怎么样？”

费先生笑笑说：“他们那是为我好！而且事实证明我也确实学出来了！”

我继续问：“我是问感受，感受如何？”

费先生露出一种家暴受害者脸上常见的僵硬的笑：“没什么感受。”

我说：“我在想有没有这样一种可能，当年你挨打的时候，作为一个孩子，也是非常痛苦、无助的，甚至很委屈、很愤怒——你们应该是保护我的人啊！为什么成了伤害我的人呢！但当年那个环境不允许你表达痛苦、无助和委屈，更不允许你生他们的气。作为一个孩子，我太痛苦了，那怎么办呢？可能一个办法就是，我要反复告诉自己，这是正当的。你刚才提到的那些理念，更像是在劝诫那个时光长河之畔想哭又不敢哭的小家伙。”

费先生低头沉默了很久，什么也没说。

下一次见面时，郝女士告诉我，出乎她的预料，费先生上次回家后，抱着孩子哭了。

那之后，费先生再没动过手。

我们所力争的东西，可能是一些利益、一些关系，也可能是自尊、好的感受、心底的某些信念（比如上述例子，或者常见的“我没错”），看到这个部分，尝试理解这个部分（而不是对抗或指责），不但可以解开之前缠死的心结，还可能促进双方的关系。

原则二：尽可能在言语层面处理矛盾

大多数情况下，用言语处理矛盾的成本要远低于用行为来处理。虽然有些话题谈起来很困难，但不谈只会更难。如果两个人都可以心平气和地、顺畅地用语言来交流自己的需求与不满（后文会详细讨论这一点），这段关系被修复的可能性是较高的。

要做到用言语处理矛盾，需要双方能够协商一个合适的时间、地点，以相对平和的心态好好谈谈（具体方法后文讨论）。在这个过程中，禁忌的话题越少、可讨论的话题越深越广，能处理的需求、不满就越多、越大；相应的，需要用行动反抗、用行动表达不满或用错误的方法暗暗满足需求的可能就越低。一段可以坐下来足够开放、无禁忌地**讨论**（注意不是指责、要求、控制）“我不想和你妈打交道”“我不想要孩子”“我不想管孩子”“我想扔钱”“我对别人动心了”“我想要更刺激的性生活”等话题的关系往往比表面和谐、实际却只是在僵硬地拍胸脯说“不会”“没有”“不可能”“都很好”“相信我”的关系稳固。

可能有的读者会问，如果伴侣有一些我不能接受的需求怎么办？比如在关系外满足性需求，这也能讨论吗？答案是当然可以。如第三章所述，很多需求并不可以，或并不必须在现实中得到满足，但我们仍然可以允许这些“念想”存在——事实上越是不允许它们存在，它们就越难抹去；反之越是允许它们被呈现、讨论，那股憋闷于胸、如鲠在喉的不满或是百爪挠心、跃跃欲试的诱惑反而会下降。这时，这个需求就不再是一团说不清道不明、想否认但又实际存在的涌动，而变成了单纯的一个“事儿”，这时我们就可以讨论一个双方都可接受的方案，去一起面对这个“事儿”了。

需要注意，尽量在言语层面处理矛盾，不意味着一定要摁着对方逼其承认所有他 / 她抗拒承认的事。我们每个人都有难以启齿的话题，穷追不舍地要对方亲口说出它们往往不会达到我们预期的效果，只会让对方难堪、否认、逃避、撒谎。此时不如告诉对方你的看法、感受及应对，欢迎对方随时和你交流澄清，也允许对方不再表态。这个原则贯穿于后续的所有沟通交流过程之中。

原则三：平等且不勉强

在寻求关系改变的过程中，有两类做法经常埋下隐患：为了维护关系，过度让步、过度勉强自己；或者，为了维护自己，要求对方签下“城下之盟”，压榨剥削对方。

亲密关系的天平不可能长期失衡，无论自己还是对方，哪里有压迫，哪里就有反抗，或明或暗。因此，沟通时要以“彼此体谅”而非“争夺控制”的心态进行，争取达到一个双方都舒服——至少不难受——的状态。

案例29

苏女士是外人眼中典型的贤妻良母，受家庭教育影响，在关系中一再要求自己付出再付出，生怕自己对对方有所亏欠。苏女士的丈夫则奉行“有便宜就要占”的理念，就连在亲密关系中都惯用其“先往前迈三步占上自己的利益，没人反对就这样了，有人反对退一步看看再说”的模式。可想而知，在二人的互动中，每次“沟通”的结果都是丈夫说得“有道理”，苏女士做得“还不够好”，最后，苏女士在关系中处在了处处受虐的位置上。

在一次工作压力极大的出差中，苏女士的同事对她颇为照顾，帮她扛了许多责任，恰逢丈夫打电话来提出新的要求，最后一根稻草压下，苏女士崩溃地哭了一宿，克制不住地和那位同事越走越近，并发生了亲密关系。

事后苏女士对自己的做法非常自责，但仍然克制不住，前来求助。

案例30

邓先生因为“和别的女人聊了两句，都是很正常的对话，妻子却小题大做”前来求助。我们通过交流得知，邓先生夫妻二人感情尚可，邓先生很有家庭责任感，对别的女性没有额外的心思，与妻子也还能够交流，但每次讨论都不欢而散。邓先生希望妻子接受自己“就是这种说话风格”，妻子表示这不可能，几轮下来，越沟通讨论，双方关系越差。

我让邓先生隐去隐私部分给我读几段最激怒他妻子的他和别的女性的聊天记录，读完后我问他，如果有别的男性这么和他妻子聊天，他可以接受吗？邓先生一拍大腿：“那怎么行呢！”我继续问他：“那为什么你可以，你妻子不行呢？”邓先生吭哧了半天，嘟哝说：“可她是女的啊！这不是容易有危险吗？！”

这里，邓先生内心显然有一个不平等的体系，男性可以，女性不可以，或者同样的事情男性做是占便宜，女性做是吃亏，等等。持有这样的观念，双方很难达成一致。

有些人会给自己的改变设条件，比如“如果你做到怎样的程度，我就做到怎样的程度”。这种预设本身没问题，但要和伴侣充分交流这其中的契约，而不是抱有过多隐含的默认值，等到对方“违约”时再占据道德高点指责对方。同时，这种契约订立时也要保有一定宽容、容错的空间。

沟通的基础共识

市面上讨论“如何沟通”的书籍很多，感兴趣的可以参考，这里集中谈一些最简单普适的沟通原则，它们应成为沟通前双方的基础共识。

不指责评判，不否认感受，不制造对立

指责、评判、否认对方的感受都是沟通的大敌，当这些做法出现时，很容易引起敌对状态，进而中断沟通进程。

有时我们会陷入“为了证明我的合理性，就要否定你的合理性”的二元对立中，比如“你有什么好委屈的？我还委屈呢！”类似的话中就包含着极强的对立与竞争，暗含着“我压你一头”“我比你更正确、更辛苦、更道德”的味道，并且会否认对方委屈的感受。这显然会让对方更委屈、更生气，同时让本应是合作解决困难的沟通陷入“你死我活”的对立。

还有些时候，我们会用“都这样”“别人更差”或类似说法来否认对方的不满，这同样会激化矛盾。在亲密关系中，任何一方的不满都值得被重视、处理，否则就会积压、爆发、破坏关系。而承认它们的存在，则是能够处理它们的先决条件。

也有些人会用“这不是该做的吗”来否认对方的付出或是说明对方的付出不需要被认可。但事实上，能把“该做”的事做得差不多就已经很了不起了，是值得称赞的。承认彼此的付出与不易，经常真诚地说一声“辛苦了”“谢谢你为家庭的付出”，可以减少许多矛盾。

不回避冲突

冲突是剧烈的交流，它不必然意味着伤害，更不必然意味着关系的破裂。有些人由于早年成长经历的影响，对冲突过于恐惧、回避，最终反而因为交流不足而破坏了关系。

在冲突中双方都保持最基本的尊重，则是可以在冲突中交流的重要前提。如果任何一方经常在冲突时辱及人格、故意戳对方痛点或使用其他言语暴力，那么在沟通交流前应先制订相应契约，确定好底线，并在沟通过程中经常提醒（可以约定使用“安全词”[1])，刻意避免这类行为的发生。

如果“知道所有道理，但还是害怕冲突”成了巨大的沟通阻碍，并且对方总体来说还是善意的，不妨把“我害怕和你发生冲突”单独作为一个需要交流的重要话题来谈。

不欺骗，不评判，不绑架，不威胁

在改善关系的互动交流中，应坦诚平等地交流，既不要用谎言来遮掩回避——99% 的情况下，不诚实付出的代价都比诚实大——也不要站在高位试图评判、绑架对方（特别是不要将对方和别人比较，或是怨气满满地要求对方对自己有所亏欠），更没必要以分手、离婚等说法相威胁。例如“你不为了我也得为了孩子吧”“要不是为了孩子我就分手了”“我当年真瞎了眼”等说法，既是在绑架对方、投射亏欠感，也是在逃避自身的责任。作为两个成年人，任何时候任何一方都有权离开这段关系，这应该成为交流讨论的基础与共识。

---

[1] 有时一方在冷静时能意识到一些行为、说法的不妥，但情绪“上头”时又会缺少自制，通常这种时候他 / 她是意识不到自己在重复自己都不认可的行为的。一个应对方法是在双方都冷静时约定一个短促有力的词语（安全词），反复提醒练习，之后在冲突中提及这个词时就是在明确让对方意识到其正在说的话、做的事是自己也不认可、需要立刻停止的。

良性的关系是两人都可以离开而都选择不离开，而不是一方离不开另一方。试图让对方没有能力离开关系的做法，最终几乎都会进一步破坏关系。

谈完一件事，再谈一件事

许多夫妻的讨论会因情绪等原因陷入无限的发散中，最后双方说了许多件事，但一件事都没谈透、没解决，双方在大量无效交流中消耗了过多的时间精力，愈发丧失交流的动力。

因此，双方应达成共识，这次交流优先谈哪些事情，必要时可以进行书面辅助，将可能岔开的话题先书面记录下来，谈完一件再谈一件。

旧账可以翻，但最好单独翻

旧账问题是很多夫妻沟通中的“爆雷点”，翻旧账不但会打断原有的交流议题，还会开启互翻旧账的向下螺旋，最终几乎必然不欢而散。

然而，旧账往往是双方当年并未处理好的议题，是至少一方心中耿耿于怀、尚未翻篇的芥蒂，因此才会留存下来。伴侣相处如水上行舟，旧账若水下暗礁，暗礁越多，划船越要这躲一处、那防一块，暗礁太多，船就划不下去了。因此，与其回避旧账，或是在“新账”出现时牵连着吵开，不如双方找个专门的时间、不被打扰的地点，坐下来好好谈谈，把旧账清掉。这个过程有时会有些困难，但往往越难处理的旧账，处理的必要性越强。

面向未来

解决当下或残留的问题，核心仍是避免类似的冲突再次发生。因此，所有冲突、不满过后，双方在情绪平稳下来一些、澄清来龙去脉之后，应尝试着合作探索一条彼此可接受的道路供未来使用，即“下次遇到类似的情况你可以怎么做、我可以怎么做”。如果心平气和时双方都找不到这条路，无法做好预案，那么当类似场景再现，一方或双方情绪“上头”时，就更找不到可用的解决方式，最终只能重复吵相似的架，掉同样的坑，将感情消磨殆尽。

另外，很多男性（少量女性）面对对方的不满时会有一种“把她/他糊弄过去完事儿”的心态，这时的沟通不是抱着“我们来看看我们关系内出什么问题了，以后可以怎么处理”，而是“唉，又来了，赶快哄好吧”，这必然会给关系埋下越来越大的隐患。

“我行我上”

做事总可能出错，不做的人永远不会犯错。所以在伴侣之间，没付出的不要指责付出的。如果某件事情双方都认为有必要做，而你对对方的方案、做法实在看不下去，那除了和对方交流彼此的想法、目标外，更要抱着“我行我上”的态度，以后这类事多做一些。

当然，如果双方对“某件事要不要做、做到什么程度”并未达成一致，那需要先坐下来交流沟通，商量一个双方都可以接受的方案，避免逃避责任，也避免道德绑架。

沟通流程

有了上述的心态、原则与共识，接下来我们需要一步步推进沟通、协作，处理关系中的问题。一个可以参考的流程是：

1. 澄清事实；
2. **倾听**并**承认**彼此的感受（能共情对方是更好的“高阶技能”）；

3. 捋清自己的归因（如前文所述，分清自己的原因，对方的原因，老天的原因），并与对方比对；
4. 觉察自己的认知，并与对方交流；
5. 清晰地传递自己的诉求（包括需求、请求与要求，传递时注意区分）；
6. 如果能求同存异（包括划定界限下的求同存异），则求同存异，如果不能求同存异，则尽量在理解体谅的氛围中试着协商谈判、交换。

在整个沟通流程中，“倾听并承认彼此的感受”这一步特别重要。如果某方或双方的“倾听”能力太差，那么沟通经常会变成“你说你的，我说我的”，谁也没在听对方。此时可以尝试一种相对结构性的对话方式：首先甲说一段话，乙根据自己的理解重复一次甲的话；甲确认无误后，乙再说乙要说的，之后由甲根据自己的理解重复；如果重复时出现偏差，对方要及时纠正；甲说的话的含义以甲的解释为准，乙说的话的含义以乙的解释为准。如此循环往复，在双方习惯了这样的对话模式，很少出现误会或听不进的时候，再切换回普通的对话模式。

不熟悉本节所述的沟通流程的伴侣可借助表 5.1 进行梳理。

请互不干扰地独自填写表格，完成后双方再把填写内容展示出来，并进行讨论。

表 5.1　沟通流程表

A 看到的事实	B 看到的事实
A 的感受	B 的感受
A 的归因	B 的归因
A 的认知	B 的认知
A 的期待	B 的期待

案例31

陶女士和潘先生的离婚导火索源自一件小事：陶女士借潘先生的电脑看片，发现潘先生还在使用系统自带的播放器和浏览器，使用体验极差。陶女士半是为自己顺手，半是出于好心，为潘先生安装了她认为好用的播放器和浏览器。未料潘先生不但没领情，还大发雷霆，双方越吵越凶，旧账频翻，闹得几乎分道扬镳。

我让他们试着填写一下上文中的沟通流程表，双方的填写结果如表 5.2。

表 5.2　陶女士和潘先生的沟通流程表

陶女士看到的事实 我好心帮你下载安装了好用的软件，你却不问青红皂白大发雷霆。	**潘先生看到的事实** 我把电脑借给你，你却未经我同意就改动，并且我说了你还不认错，还说我大呼小叫。
陶女士的感受 非常委屈，非常生气。	**潘先生的感受** 极其愤怒，也很委屈。
陶女士的归因 他瞧不起我，看我哪都不顺眼。	**潘先生的归因** 她对我没有起码的尊重。
陶女士的认知 你不能践踏别人的好心啊！	**潘先生的认知** 谁的东西谁做主啊！
陶女士的期待 他要向我道歉，以后这种情况不感谢我就算了，但不能这么指责我。	**潘先生的期待** 她要动我的东西需要事先征得我的同意。

双方填完表对比了一下后，我要求双方试着以合作的态度来解决这次冲突。双方别扭一番后，渐渐放下了对抗的姿态，顺着表格中的内容开始讨论，无须外界干预便自行发现了许多问题、差异，同时双方也意识到，从结果看，双方的期待并没有太多冲突，完全可以共存。

我们进一步讨论发现，陶女士成长在一个她“总在讨好、总被嫌弃”“好心总被践踏”的家庭中，而潘先生成长在一个“母亲总是越界，从偷看日记到半夜开门”的家庭中，所以二人在这一点上都有些不大不小的创伤未处理好就进入了亲密关系，之后便在这件小事上爆发了剧烈的冲突。在这个过程中，二人的委屈和愤怒都不只是对对方的，还有许多原生家庭中积蓄下来并未处理好的情绪被激活了。

在上述沟通流程的最后一条中，求同的能力是需要日常打磨的。

有些夫妻原本关系不错，但孩子出生后关系急速恶化。除了资源紧张等因素外，一个重要诱因就是他们只会“存异”，不会“求同”。两个人都在乎孩子，又意见相左——比如婴儿洗澡时大哭，一方认为水太热，一方认为水太冷——此时如何面对、解决冲突，达成一致，对这些惯于回避、搁置冲突的夫妻而言就格外困难。然而在生活中，类似生育这样很需要“求同”的事情往往是大事，比如买房、装修、老人的重疾治疗方案等。如果伴侣双方没有磨合好一套求同、商量、妥协的机制，那么在这些本来就会导致资源紧张、双方压力剧增的大事面前，就很容易“爆雷”。

在一些双方需求出现冲突的时候，谈判与交换往往也是必要的（类似“要我做 A 可以，条件是你要做 B”）。如上文所述，“不勉强”是沟通中的重要基础，如果对方有某个特别看重的需求需要你来（配合）满足，你虽然可以满足对方但并非完全心甘情愿，真切地感受到有些不平衡，这时相比别扭地答应、埋下隐患，或是彻底地拒绝、让对方的需求失去满足的可能，不如大大方方地提出你的条件，和对方有来有回地友好商量，充分了解彼此的期待与抗拒，再通过“互利互惠”达成一致，通常是更好的选项。

锻炼自己直接表达需求与不满的能力

有些人并非不具备通过沟通改善关系的能力与意愿，也不缺少相应技巧，而是在复杂因素的影响下（通常与成长环境有关），无法顺畅、平和、直接、不需任何先置条件地表达需求、不满。这会引发诸多问题，比如：

- 在过度自我压抑、隐忍和爆发（热战、冷战、逃离）间跳变；
- 容忍、纵容甚至鼓励、诱发别人对自己不好（“我没法对‘好人’提需求，所以需要你先成为一个‘坏人’、一个对我有亏欠的人”）；
- 找一个特别能提要求的人（往往像个任性肆意的小孩），仿佛满足对方就是在满足当年的自己，或是和对方融合共生后自己也可以掌握提需求的能力，但最终往往会陷入被对方剥削的境地；
- 把愤怒转化为怨气，各种委屈、各种哀怨；
- 攻击转向自身，诱发抑郁。

这里特别谈一下第一类，我们称为“攒大招”模式。这个模式在表达不满和需求方面都有严重的危害。

首先，自我压抑、隐忍的过程非常辛苦，消耗很大，会积累大量负面情绪，特别是怨气，而“溢出”的怨气总会在关系里带来更多的紧张与压力。

其次，当隐忍到极限，爆发式地表达时，由于对方并不知晓你的隐忍，因此会感到莫名其妙。而当对方将你的表达解读为“你‘因为一点小事’先发起了攻击”时，就很容易进入防御、逃离或对抗状态，无论哪个选项，都可能进一步激化矛盾，在损害关系的同时给你带来更多负面体验。

最后，当你将自己压榨至极限再提需求、不满时，已经容不得对方和你讨论甚至拒绝了，而如果没有这个商量、调整、改变的空间，双方就只能在“行还是不行”“改还是不改”“做还是不做”“满足我还是不满足我”间做非黑即白的选择。考虑到此时你的情绪已经是积压之后的爆发，对方当场拒绝几乎必然带来冲突，可对方违心接受又几乎必然埋下隐患，这时，关系就进入了“怎么选都受损”的两难境地。

案例32

丈夫有些饿，想和妻子出去吃饭，但丈夫不说，从一般饿忍到了低血糖，终于说了，这时妻子说：“我手头有点事没处理完，过一会儿咱们再去吧。”丈夫就炸了：“我都已经忍得这么辛苦了，你就不能体谅我一下吗？”但妻子也很委屈：“为什么你一提出需求，我就要立刻放下手头的事响应你呢？我也有我的需求啊……”

在上述案例展示的这类互动中，双方都很委屈甚至愤怒，但如果丈夫早一些明确将“我饿了，我需要和你一起去吃饭”的信息传递给妻子，那么妻子无论是早做准备安排出行，或是约定时间出行，还是拒绝丈夫让丈夫有充足的时间去吃点东西，均不至于陷入双方都不愉快的境地。

有时，这种模式还包含了用亏欠感和过度付出来绑架对方的意味，类似“妈妈都这么辛苦了，你怎么就不听话呢”。如果我们在成长中习得了这个模式，就经常会不自觉地套用它，试图用“我都忍得 / 累得 / 节省得 / 付出得……这么辛苦了”来换取“你可得听我的 / 满足我的期待了”。然而，这种隐性的控制往往无法获得预期的回报，只会让一方十分委屈、怨气满满，另一方激烈抗争或回避逃离。

还有一种情况也并不少见：不直说的一方渴求着某种“我不说你也知道”的默契感，误以为这才体现了爱。然而，这本质上是一种对共生感的渴望，是婴儿对母亲的期待（我哭了——甚至不用哭——你就知道我饿了还是尿了），这种期待固着并延续至成年人的关系中时，通常有害无益——“爱侣间的默契”是在双方都付出努力的互动中（一次次的“我直说，你满足；你直说，我满足”）打磨出来的，而不是“如果你爱我，你自然就会知道”甚至“我故意藏起来，你猜到了才证明爱我”。

如果对你而言，“敞亮地”直接说需求或不满很不容易，那么建议刻意练习这一技能，这不止会极大地改善亲密关系，也会让你在人际相处中更加顺畅自在。

感受、身体与性的交流

伴侣之间的交流，除了理智上、事务上、认知层面的沟通外，情感的交流与身体的交流同样重要。有些人——特别是男性——在述说情感方面有一定困难，甚至亲密的身体接触会令其焦虑，而这两方面的匮乏往往会让伴侣积压不满，之后在其他方面反弹。养成习惯，经常问问对方感受如何，谈谈自己感受如何，如果对方渴望性生活外的身体接触（拥抱、接吻、抚摸、拉着手散步、睡前抱抱等），也应予以主动满足，这是重要的情感交流时刻[1]。

如果在感受和身体的交流方面出现障碍，双方都应给予足够的重视，之后进行坦诚交流。沟通过程中要承认索取一方的需求完全合理恰当，也要关注抗拒一方的顾虑及其成因。

比普通身体接触更为亲密的接触是性接触，它在伴侣生活中扮演了非常重要的角色，因此虽然有时与伴侣直接讨论性议题会让人感到难以启齿，但耐受一定的尴尬，坦诚地与对方在言语层面进行交流仍然是重要的。

性的背后往往不是性，而经常会成为替代表达的战场：比如有许多无法在关系中顺畅表达攻击性的男性会呈现出对伴侣的勃起障碍（对其他女性无障碍）；一些在母婴关系中受损的女性会格外渴望共生式的弥散的性；一些有三角关系议题的人会排斥稳定关系内的性而痴迷关系外的性；在一些强弱明显的关系中，性会与权力的表达挂钩；一些无法坦荡拒绝生育的人会在不自知的情况下抗拒性（哪怕有避孕措施）；等等。因此，如果伴侣间出

---

[1] 以抚摸为例，有研究表明 (Greg K.Essick,2010)，秒速五厘米左右的抚摸速度，可以激活我们脑中的 C 类神经，产生舒适、放松、愉悦的感觉。经常爱抚彼此（当然，以对方愿意接受的时间、部位、时长、力度等为准）可以明显提升伴侣的关系质量。来源：Greg K. Essick, Francis McGlone, Chris Dancer, David Fabricant, Yancy Ragin, Nicola Phillips, Therese Jones, Steve Guest, Quantitative assessment of pleasant touch, Neuroscience & Biobehavioral Reviews,Volume 34, Issue 2, 2010.

现了性生活不和谐等议题，在排除了生理原因后，首先应该坐下来敞开谈谈，尝试用言语处理矛盾、顾虑，看看有没有两人间未解决的议题在性方面得以表达。即便双方的交流无法处理全部议题（有时确实需要一些专业帮助），但交流本身会降低这一议题带来的情绪张力，进而减少婚姻关系中由此带来的隐患。

亲密关系中的行为管理

除了认知、情感、身体等层面上的沟通交流，我们日常的行为模式也会对对方的行为模式产生直接影响，当我们的行为改变时，也会促使对方的行为改变。

案例33

葛女士认为丈夫懒于家务，这让她完全无法忍受，两人为家务问题屡屡争吵，濒临离婚。

我问葛女士，丈夫有没有偶尔主动做家务的时候，葛女士毫不犹豫地说是有的，我继续问：“那，当他主动做的时候，你是怎样反应的？”葛女士一拍大腿：“他擦地擦成那样还叫做啊，还不如不做呢，我批评他他还和我吵！”

江女士的丈夫“脾气很坏，甚至会威胁动手”，让她觉得日子过不下去。我问她，每次丈夫没有“发脾气”的时候她会怎样和他互动，江女士倒起了苦水，告诉我丈夫的诸多缺点，她一有空就数落他要他改进，但总是引发争端；我继续问：“那当他发了脾气，甚至威胁动手后，你又会怎样和他互动？”江女士说：“那我就好好哄他啊，给他做顿好吃的，这事就过去了。”

唐女士的车一直是丈夫在开，但他非常漠视交通规则，每年罚单都很多，还经常会超出 12 分，唐女士和丈夫说了很多次，但效果甚微。我问唐女士：“你除了和他抱怨、争吵外，还会做什么？”唐女士说：“我去替他分担一部分扣分啊，要不他的驾照就没了。”

以上三个例子，都是错误的做法。

一个行为带来的结果让我们“舒服”，我们就会倾向于多做，让我们“不舒服”，我们就倾向于少做、拖延、糊弄着做、拧巴着做、一肚子怨气地做、不做……这是基本的人性。我们可以用道德、责任等来约束人性，但是在“家”这个放松的地方，我们的约束很难长期、严格、广泛，总会明着暗着向那个“舒服”“省力”“麻烦少”“不用改变”的方向走。

因此，如果你希望对方的某一类行为增加，那应该在他 / 她做出类似行为后让他 / 她“舒服”，反之，你希望他 / 她减少某一类行为，则应让他 / 她做出这类行为后“不舒服”，而不是打压那些你希望增加的行为，默许甚至鼓励那些让你不爽的行为，或是“言行不一”，在言语上批评，行为上却助长（或是相反）。

不妨按照表 5.3，对冲突中双方的行为进行梳理与反思。

表 5.3　亲密关系中的行为管理

1. 客观事实是什么？	
2. 他 / 她的哪些行为让我无法接受？	
3. 在我的理解中，他 / 她为何会这么做？	
4. 我和他 / 她确认过吗？	
5. 对他 / 她的行为，我做出了怎样的反应？	
6. 结果如何？	
7. 我的做法会促使他 / 她的行为增多还是减少？	
8. 我有什么可以改变的行为？	
9. 我希望以后在类似场景中他 / 她怎么做？ （最好能让对方在不太勉强的情况下就可做到）	
10. 他 / 她知道 9 的答案吗？	
11. 我有什么可以促成 9 实现的做法？	

家庭系统的需求

寻求改变的过程中，也要注意识别整个家庭系统的需求。有时双方都声称想要改变，但经年累月，不仅一成不变，而且似乎原有的痛苦模式还得到了加强。这通常是因为该家庭系统隐藏地满足了双方潜在的需求，使得双方停在原地，一边骂骂咧咧，一边乐此不疲。

案例34

邵女士和汪先生为汪先生的“自由散漫”闹到了要离婚。

邵女士是个自我要求很严格、非常自律的人。她守时；遇到困难迎难而上；旅行前做好完整详细的攻略，备好一切可能需要的东西；工作上兢兢业业，一丝不苟，尽最大努力做到不出一点差错。汪先生则与邵女士恰恰相反：生性随意，没什么自我要求；经常误点；面对困难秉承“世上无难事，只要肯逃避”这种随遇而安的态度；旅行前不做任何攻略，到了再说，缺啥再买；工作上也很随意，犯错就犯错，嬉皮笑脸地打个哈哈，看领导真急了就做个检讨，该认罚认罚，但也不怎么自责。

没有孩子时，两人磕磕绊绊，夫妻关系还算可以，但孩子降生后，两人争吵得越来越多，从子女教育到家务琐事，邵女士终于对汪先生的“不负责任”心灰意冷，汪先生也被邵女士的“管得太宽、太严”搞得实在烦了，两人开始考虑离婚。

但经过一段时间的夫妻咨询后，我发现他们的故事还有另一面。

邵女士家教极严，身为“重男轻女”家庭中的长女，她从小就一直想证明自己的刻苦努力，再加上几个弟弟都“不争气”，想到以后要赡养老人、帮扶弟弟，邵女士从高中时代起焦虑水平就一直非常高，汪先生的出现让她大开眼界：原来人还可以活得这么随性自在！在汪先生身边时，邵女士才能喘口气，放松一些。

汪先生的家教相对散漫，父母也都属于平日不大努力的类型，也不认为自家配得上好东西。汪先生从小到大，几乎没有“我尽全力去争取并且成功了”的经历。所以当他遇到邵女士，看到她身上那种拼搏向上的韧性、由自律而成功的习惯时，汪先生打心里佩服，也希望自己能像邵女士那样。

二人最初进入亲密关系时，便是被对方身上那种与自身相反的特质吸引的。但由于缺乏觉察、成长，随着生活的继续，二人并未从对方身上汲取力量，补足自身短板，反而进一步让对方承担了自己需要又无法（或不允许）自我满足的部分，同时开始了“指责对方身上与自己不同的部分，再进一步强化自己那个部分”的循环往复。久而久之，邵女士更加严格要求自己，更加焦虑，汪先生则更加随性，更加放任，矛盾也愈演愈烈。就这样，当年彼此吸引的东西，成了彼此伤害的源头。

认识到这点后，邵女士和汪先生开始坐下来“好好谈谈”，从**承认**“我其实有些羡慕你那个被我反复指责的部分”开始，两人开始谈论很多彼此从未谈论过的感受。从前一直在说“你不负责”的邵女士开始谈论“我真的好累，好想有人撑我一把”“我知道我在拼命做的很多事情都没有意义，但我停不下来、不敢停下来（好像停下来会背叛自我要求更严格的父亲）”等；一直在无声地抗议“你管太多”的汪先生开始谈论“我其实挺感谢你的付出的”“我有时候也想努力一把但却感觉很无力，我也讨厌这样的自己”等。又经过了相当长一段时间的努力，两人的关系得以修复，不仅如此，邵女士也尝试着更放松一些，汪先生则更振作一些，双方可以更好地结伴前行了。

在上述案例中，夫妻二人进入关系时就有着截然相反、彼此互补的特质，而更多时候，双方初始没有那么大的差异，却在长期共同生活后，同样进入一种“各自极化”的共生状态，这种现象我们称为“夫妻联合人格”（不限于夫妻，伴侣关系中都会有）。

诚然，伴侣二人各有所长，在生活中有所“分工”可以一定程度地提高效率，但如果只顾效率，不考虑关系中的平衡、公平、双方各自的安全感、效能感等议题，就可能为关系埋下隐患。

最典型的例子是传统的“男主外，女主内”：男方只管挣钱，从家庭中“脱离”；女方全身心投入家庭（主要是家务和育儿），失去事业，从社会中退缩。也许在某些家庭中这样的组合确实效率更高，但它往往缺少韧性，进而会催生不安与焦虑：男方可能会担忧如果自己倒下（行业不景气、疾病、意外、偶然因素等），家庭会失去支撑，由于自己“身后没人”，所有经济压力都要一个人扛；女方则可能担忧男方的忠诚，或将对自身事业空白的不平与焦虑投射给孩子，既过度担忧孩子是否“有出息”，又长期需要“让孩子需要自己”。如果这些不安与焦虑未被有效地识别、处理，伴侣二人就可能走上互相碾压的恶性循环。比如男方一再强调赚钱的重要性、贬损女方的付出，女方反过来不断强调家庭的重要性、贬损赚钱的功劳；或是男方不断嫌女方管得多，二人没有共同语言，女方则不断要男方证明忠诚、不离不弃；更糟糕的情况下，孩子会成为二人交战的“战场”。无论哪种情况，都会给关系带来恶劣影响。

这时，我们需要看到，效率不是生活中的唯一，公平、安全、“鲁棒性”[1]高也同样是个人发展以及关系发展是否良好的重要指标。如果过度追求高效率地往前冲已经弊大于利，那么双方都需要踩踩刹车，让生活、关系更平衡一些。

还有一类家庭，其内在的分裂并不体现在现实层面，而是体现在心理层面。最常见的情况是，双方都既有理性的部分，也有感性的部分，但日子久了，所有“理智上该如何”的话都从丈夫口中说出，所有“感受上如何”的话都从妻子口中说出，并且双方还会为此互相指责，丈夫指责妻子不讲理，妻子指责丈夫太冷漠，双方的关系因此受损。

---

[1] 鲁棒性：即系统的稳健性、健壮性，鲁棒性高的系统中，输入端或内部参数的微小偏差不会产生输出端的巨大偏差，反之亦然。对应到家庭系统中，如果沟通、互动中可以容忍较高程度的偏差，则家庭系统的鲁棒性较高。

案例35

何女士为“要不要鸡娃（指打鸡血般要求孩子努力上进）”的议题和丈夫吕先生吵到了几乎要离婚的地步，双方共同前来咨询。

何女士表达了她对于孩子“阶级下滑”的极大焦虑，吕先生则反驳她“鸡娃”可能给孩子带来各种问题，而且让孩子很不开心。双方说着说着，当着我的面几乎又吵了起来。

我喊了下停，问何女士会不会担心孩子不开心以及由此可能产生的后续问题，何女士不假思索地给出了肯定的答复，并列举了诸多她担心的事情——这完全出乎丈夫的意料。我又问吕先生，担心孩子“阶级下滑”吗？同样出乎何女士的预料，吕先生“倒出”了很多他心底也有的焦虑和无力感。最后我们发现，其实这种“往左也担心、往右也担心”的焦虑是双方共通的，只不过二人刻意压抑了其中的一边。当何女士反复强调“要往左啊，往右走到头太可怕了”的时候，吕先生就天然坐在了“得往右，你没看到左边走到头有多可怕吗”的位置上，结果双方越吵离彼此越远。而回到“其实我既担心左，也担心右”“我也是”的时候，双方才发现，其实二人心里并没有本质分歧，都在处理自己对“左右为难”的焦虑和无力。

过程更重要

伴侣之间的相处情况复杂，很难在有限篇幅内列举所有情况。但如前文所述，两个人都有改变的意愿且能够坐下来好好谈谈，这本身就是诸多困境的共同解药。有时，即便双方都付出了努力，结果离双方最初的预期还是很远，甚至仍旧走向了分手、离婚。但在这个过程中（有时甚至是在“死马当活马医”），双方都会加深对自己、对方的了解、理解，也可以增加处理冲突、沟通交流、改善关系等方面的经验，这个**过程**是重要的成长，也会为下一段亲密关系奠定更好的基础。

因此，即便你已下定决心离婚，如果还尚有充裕的资源与余力，只要对方不会持续输出伤害，通常还是建议再和对方好好谈谈。

延伸阅读

人格发展水平评估概要

人格发展水平成熟或原始，几乎可以决定这个人发生改变的难度。这一评估通常非常复杂，需要一定的专业背景知识和经验，这里仅针对普通人群的人格发展水平做简单介绍。

人格发展水平的第一个维度，是**思维的极端性**。如果一个人描述自己、他人、世界是极端化的，不是天使就是恶魔，不是全能就是无能，不是全好就是全坏，不是贞女就是荡妇（男性类似），一件小事就能彻底改变他/她对人和事的看法、走到与之前相反的方向，那么通常这个人的人格发展水平不会太高。

需要特别说明的是，有人在恋爱时表现出的一些极端行为——比如一些偶像剧中“为了让你相信我，我用刀划伤自己”“为了证明我对你的爱，倾家荡产借钱给你买个包”等行为——会被一些人认为“这是爱情”，但通常这只是人格发展水平偏低的表现，须知一个人可以对自己多狠，在另一种情境下就会对你多狠。

第二个维度，是**自恋水平**，这里的自恋是中性词，不是贬义词，通常我们用“原始的自恋”和“成熟的自恋”来区分。所谓成熟的自恋，即可以认清“我还挺好，你也挺好，我们是独立的两个人，不同但平等”；原始的自恋相对复杂，有时表现为“老子天下第一，只有我是对的好的，你们都是错的差的”，有时表现为“世界围着我转，你们都得听我的”，有时表现为“你应该像我的手脚一样是我的延伸，绝对受我控制，不是独立的人”，有时表现为强烈的物化他人，等等。

第三个维度，是**防御机制**，即这个人面对压力时的处理机制。常见的防御机制包括压抑、幽默、升华（如“化悲痛为力量”）、否认（如“睁着眼睛说瞎话”，或者反复无视信用卡账单等）、见诸行动（如摔碗）、投射（如把自己的想法和感受当作别人的想法和感受）、分裂（类似前文的极端思维，把人分为全好的和全坏的）等。小孩使用的防御机制通常相对低级，比如否认、分裂、投射、见诸行动等，成年人使用的防御机制通常更高级一些。如果一个人惯常使用的防御机制单一且低级，通常是其人格发展水平偏低的证据。

第四个维度，是**人际关系中的边界感**，边界感强的人未必人格发展水平高，但边界感低的人大多数人格发展水平偏低。这种人像小婴儿一样，完全无法耐受分离，无法耐受对方一点点的“不爱我”，会期待一种“从早到晚黏在一起”，以及“你我之间没有任何边界、距离”的共生感，如果不被满足就会暴怒、抑郁或做出伤害自己或对方的行为，等等。

另外，总体而言（并非决定性的），早年（特别是3岁前）有长期母婴分离史、被虐待史、强烈或持久的被抛弃体验，或主要抚养人的人格发展水平偏低，都是自身人格发展水平偏低的风险因素。

以上只是粗略的介绍，如果你对号入座后觉得一些说法模棱两可，就不要放在心上；如果你据此强烈怀疑自己的人格发展水平较低，那么有条件的话，建议你寻求专业帮助，让自己有所成长，因为较低的人格发展水平意味着你在亲密关系中收获幸福的概率相对较低（无论是和眼前人还是下一任）；如果你强烈怀疑对方的人格发展水平较低，那么建议你降低对对方“会有较大改善”的期待——并不是说对方不会发生改变，而是这种改变通常以年为单位，需要做好心理准备。

6

Chapter

第六章

做出选择

在我们稳定了情绪、明确了刚需、筹备了资源并一轮轮尝试改变后，如果夫妻关系仍不尽如人意，我们就要面对“是否离婚”的选择了。与前几章讨论的环节不同，这个环节不涉及太多技术细节，也没有所谓的“最优解决方案”，只有排除干扰、基于现实、忠于内心所独立做出的选择：我是**想要**继续，还是**想要**离开？

做出这样的选择，对一些人来说习以为常，但对另一些人却颇为不易。这里我们着重讨论，想要做出这样的选择，需要打好哪些基础、做好哪些准备。

独立选择的心理基础

为自己负责

我们需要怀有成年人的心态，这意味着承认我们已经长大并独立，需要自己选择，自己负责。

这对很多人来说并不容易。

不少来访者曾告诉我，面对离婚时，他们最担忧的不是财产分割、抚养权争夺、离婚后的生活重建等，而是没法和父母交代。甚至有的来访者会因考虑父母的反应——无论是害怕被他们指责、嘲讽、贬损（如“我当时就说你们不成吧还不听我的”）或是害怕他们担心、焦虑、崩溃——而额外将一年以上的时间投入在一段纯粹增加痛苦的婚姻中。他们在离婚之后，几乎 100% 都会为此懊恼，后悔当初没有做出遵从本心的选择。

想要判断一个选择是否遵从本心，不妨扪心自问：我这么选是在追求我想要的生活或自身利益最大化，还是在恐惧、焦虑的裹挟下囤积安全感，避免人际冲突，或是给自己一个“甩锅”的理由来对抗当下或未来可能出现的指责或自责：不是我要做的，是他/她让我做的，不是我的错。

我常和来访者谈论一个例子：你觉得外边热，妈妈觉得你冷，你害怕冲突也好，迷信权威也罢，总之你穿着棉袄出了门，最后中暑了。有的妈妈会说声抱歉，更差的则会用“谁让你听我的了”“你身体太弱了”或是其他指责方式让你更加难受。但即便她说了“对不起”，承认是她错了，中暑难受的却仍然是你，不是她。简而言之，无论“错的”是不是你，“疼的”都只能是你。而恰恰由于中暑的痛苦感受无法转移，选择合适衣服的责任也便无法转交。正因如此，离婚与否作为一件比衣服厚薄影响大得多的事，就算再焦虑、再惶恐，我们也必须将选择权握在自己手中，而不是交给伴侣、孩子、父母、算命先生……

可能对有些人来说，离婚是他们经历的第一次或第二次要自己做出重大选择的时刻，慌乱、焦虑、想要逃避都在所难免。此时，我们需要反复告诫自己：我们**可以**拥有与重要他人——无论是伴侣、父母、朋友、师长等——不同的三观、认知、归因、态度、愿望……我们**允许**有些事情他们觉得好而我觉得不好、他们觉得正确而我觉得不正确、他们认可而我不认可、他们偏好而我不偏好……我们**接受**这种差异的存在，也便接受在这些议题上他们可能一辈子都不会认可我们的选择。即便如此，我们依然要在他们的不认可与指责、事后诸葛亮、夸大的担忧（这是父母的分离焦虑）甚或诅咒（不听我的你早晚会吃亏）中按照我们自己的意志往前走，之后落子无悔，一往无前。

承认生命的有限

做出选择也意味着承认生命的有限，然后主动告别。

有的来访者告诉我，他能明确地感觉到，如果不做选择，人生“仿佛”可以保持无限的可能性，就像一棵茂盛的大树，有无限的分叉，看着就很安心。可如果做出选择，那么每做一个选择，就剪掉一个分叉，咔嚓一声，一大团“可能性”就从树上掉下去了，再做一次选择，咔嚓，又一团，剪到最后，人生的路径就被定死了——这太可怕了。

但问题在于，不做选择其实也是一种选择。我们选择了停在原地、随波逐流，看似拥有了整棵大树，但其实都只是幻想中大树的虚影，没有一根树枝实实在在握在手中。

要想握住实在的树枝，就要面对我们生命的有限——时间有限、精力有限、能力有限——我们终生只能学到有限的东西，做少数的事，爱少数的人，让少数人认可，体验少数的生活状态……那些“被剪下”的可能性，只是一团团我们终会丧失的镜花水月，看着美好，但只是虚影，不是主动失去，就是被动失去。

与此同时，生活无法被100%准确预测，人生也没有回头路，没有“如果当初”的假设。我们每做一个选择，都只能知道这个选择后面有什么，永远无法知道另外的选择后面有什么，而未知的路上总可以安放我们投射的各种美好或恐慌。这就要求我们学会去除“事后诸葛亮”的自恋心态，基于此刻的信息、资源、状态去做出那个自己最为笃定的选择，将虚假的繁荣化作真实的有限。

这个哀悼丧失的过程，即走向成熟的过程。

案例36

肖女士一年前做出过“不离婚”的选择，但一年后她后悔了，甚至因为“离婚冷静期”的出台，她开始陷入“后悔”的情绪本身无法自拔。

我问她，你们关系内有任何改变吗？她告诉我并没有，只是她忽然发现自己当年太过短视，没有选择对自己更好的道路，似乎她的选择让她失去了“本来”属于她的幸福。我问她，时间退回一年前，再来一遍，以她当时的心智、认知水平、获取的信息，会做出不一样的选择吗？肖女士想了想，郑重地说不会。我告诉她，这说明另一条路上的风景并不“本来”就属于一年前的她，那时的她距离得到那个“更好的选择”还差着一年的成长和成熟。肖女士边想边哭，许久后接受了这个说法，开始思考当下如何选择，“更可能”让一年后的自己不再后悔。

值得一提的是，不少来访者经历过死亡的“拷问”后（比如体检发现可能有重疾），就放下了对虚影的执念。如果你幸运地没有遇到这类“拷问”，也可以闭上眼睛做几个深呼吸，想象自己穿越到死亡前的最后一刻，回顾一生，看看从前的选择哪些让你满意、哪些让你遗憾，问问自己，这个只能过一次并且必将失去的生命，怎么过才不会后悔。

直面现实

成熟的选择必然基于放弃幻想，直面现实。

我遇到过很多来访者，会在同一类问题上反复纠结，消耗大量时光，平添诸多烦恼。最常见的形式是“他 / 她以后会变吗？”“等孩子大点是不是就好了？”“这回是不是因为有坏女人勾引他？”等。面对这类问题，我常会问来访者：“如果对方有10%的可能性改变，但大概率要花5年以上的时间，你是否愿意继续现在的生活？”

诚然，这些问题的答案并非一定是“不会变”，但关键在于我们发问时的心态，是在探究答案，还是在宣泄困住自己的情绪，或是在给自己找一个逃避的理由。

很多时候，我们并非不知道答案，只是那个答案我们不愿接受，因此便会不自觉地找很多理由来自我安慰、自我催眠，避免面对分离、冲突、变动与未知，也避免自我反省、直面自己的缺点与有限。就像重仓的股票跌了，很多人会习惯找诸多理由说明它只是短暂下跌回调，不久后就会一飞冲天一样。

这类自我欺骗，通常表现为“只要……就”的逻辑形式，偶尔还会表现为“只有……才”。比如，“只要孩子大了婚姻关系就会变好”“只要那个‘坏女人’离开了他就会回归家庭”“只有我暴富了她才不会离开我”，等等。

基于现实做出选择，就意味着我们要破除这些一厢情愿的期待与自我哄骗，去直面真实的世界、真实的自己、真实的对方。在真实世界中，人的改变通常是缓慢的，极少有突变的机缘；过去犯过的错误如果没有从根源上处理，再犯的可能性很高；时间并不必然带来成长，多数时候最多只能淡化问题而不能彻底解决问题；成长是疼痛的，也需要很多资源，故而并非每个人都能在短期内有所成长；每个人都有自由意志，我们没有改写对方大脑的权限和能力，绝大多数时候我们既无法改造他人也无法拯救他人——除非他们自我改变或是自救的意愿强烈；我们的能力是有限的，对方的能力也是有限的，有时候做不到就是做不到，再压榨也做不到；有些东西失去了就是失去了，无论如何也追不回来；更进一步，时间不以我们的意志为转移地单向前行，我们只能过一次人生，没人能替我们背负幸福抑或不幸，我们也背负不了他人的后半生……

这些真相往往并不让人愉悦，在我们第一次打破幻想，直面它们的时候也许会倍感抑郁，但从接纳和面对它们开始，不否认、不回避、不掩饰，最终会带来巨大的力量。

需要说明的是，并非谈到选择就意味着要选择离婚，我也接触过许多来访者在经历了漫长的心路历程后选择回归、原谅、修复，这个过程中他们也会放弃许多幻想，比如对完美伴侣的幻想，对单身生活过度美好的幻想，对另一个怀抱美化后的幻想，等等。在放弃这些幻想后，他们还将直面婚姻内那些**其实**

可以解决，但需要付出很大心力的议题，这同样需要极大的勇气，同样非常不易。

排除原生家庭的影响

“婚姻不只是两个人的事，还是两个家庭的事。”这个文化背景显著提高了处理婚姻问题的复杂性。无论对原生家庭的屈从、讨好、证明抑或对抗，都会不同程度地使我们“动作变形”，偏离不受干扰下的行为选择。这背后往往是我们在防御着和父母分离，防御着我们自身的长大独立。

这种防御常常源于曾经一些需求未被较好满足——包括对认可、关注、亲密、引领的需求等——留下的意难平、不甘心、缺一块。有些人无意间会通过让自己处于弱小的位置来试图填补这些缺憾（“我如果长大了就没机会当‘小公主’了”“我如果长大了就再也不可能得到那个引领我的背影了”）；有些人会通过假装强大来掩盖自己其实存在的渴求（“我过得可好了，用不着你们操心”）；还有些人会表现为和父母（包括儿时的父母）的竞争。

无论哪种情况，都会给我们带来很大的额外消耗。

我们不可避免地长大，父母不可避免地衰老，5 岁没得到的布娃娃在 35 岁时得到一筐也不是那种滋味，何况是爱。除了挥手告别、哀悼放弃，抱抱内心那个愤怒、不甘、悲伤、恐惧的孩子外，更好的选项很少很少。

我们能做的，就是忍着成长的疼痛直视现实，告诉自己，往事已不可追，昨日已定格，然后哀悼过去的丧失，重新上路，以成年人的心态，为自己选择，为自己负责。

消除错误认知

除了上述这些必要的基础心态外，我们还需要反躬自省，去除内部一些妄念、干扰、有偏认知。这些认知往往不符合真实情况，却常常或深或浅地影响、干扰我们的决策、行为，让我们偏离真正想去的方向。

下面讨论一些常见的有偏认知。

离婚意味着“诀别”

这不是现实。离婚了不一定此生不见，不一定反目为仇，不一定不能复婚。即便以后选择复婚，也不意味着当时离婚的决定草率愚蠢，只意味着当年不合适、过不下去，现在两个人都经历了一定的成长成熟，又可以尝试在一起了，仅此而已。事实上，我遇到过很多伴侣，在离婚前很担心此生诀别，但在和对方好好谈过后，要么云淡风轻成了偶尔联系的好友，要么视对方为家人偶尔帮忙，要么在处理了一些关系议题后又再度走到一起，甚至有些伴侣在离婚后其中一方或两方才幡然醒悟，意识到从前是自己不懂珍惜，重新回到关系中时，离婚前无法解决的议题都一一迎刃而解。

案例37

于女士和薛先生离婚前，双方的不满都已累积到了顶点。

于女士天生聪敏，刻苦努力，处世比较成熟，学业、事业都压过薛先生许多，但因为对容貌有些自卑，所以在进入恋爱时一直是“小媳妇”的状态。薛先生则处世幼稚，做事冲动，不计后果，个人能力也较低。婚后，薛先生对于女士愈发颐指气使，为所欲为，直到他忘乎所以，突破了于女士的底线。两人大吵一架，于女士深受刺激，彻底逆转了相处模式，改为强势高压、不惜鱼死网破的姿态。但薛先生并未因此有所改善，而是和于女士持续对抗。经历了一年多的拉锯战后，于女士心灰意冷，下定决心，找准机会成功促成了离婚。

离婚后，薛先生“得到了自由”，开开心心地搬出了家，去享受没有于女士约束的生活。

一年后，他狼狈地回来找于女士。原来他离家后不久就被当年暧昧的对象甩了；之后脑子一热加杠杆投资高风险产品，赔了一大笔钱，连房租都交不起了；没有了于女士打理后方的便利后，他发现生活中要考虑的事情原来这么多，之前都是于女士替他处理了他不知道而已；更糟糕的是，之前他在事业上遇到困境，总会有个“他抱怨→于女士安抚并提出解决方案→他鄙视于女士顺便奚落她→于女士念着他心情不好不和他计较→他情绪释放后清清爽爽回到工作单位，使用于女士的策略成功解决问题”的模式，离开于女士后这个模式无法再用，当工作中再遇到困难时，他既无法冷静下来平心静气地面对，也无法想出于女士想到的好办法，只能凭着直觉在职场上乱打乱撞，在接连犯下一系列重大错误后，他的职业生涯几乎走到了彻底崩盘的边缘。

在折腾了一大圈后，薛先生终于对自己有了清晰的认识，也意识到于女士对他有多么可贵。他回来找于女士，于女士权衡诸多现实因素后还是收留了薛先生。薛先生上交了工资卡，天天早下班接孩子回家、做饭、辅导功课，睡前给于女士打好洗脚水，凡是于女士有意见的事就听她的。于女士有了这个“贤内助”，卸下了很多育儿压力，经济状况也有所改善。双方虽然没有办复婚手续，但进入了实质的复婚状态，都很满意。

离婚意味着“贬值”“找不到好的了”

一些婚恋网站、情感专栏等会因为种种原因制造、放大焦虑，用一些数据告诉你离婚后再找伴侣有多么困难，这背后往往有其利益诉求。

“离异”只是我们身上无数标签中的一个，是网络时代用来海选的关键字，很多时候只是一扇未锁的门。诚然，一些标签会增加我们粗筛的成本，但其长远影响其实很小。毕竟，当我们寻找亲密关系时，只需要找到一个人就够了——假设你所在的城市有 100 万人，那其中到底有 100 人还是 500 人具有和你经营良好婚姻的基础并不重要，你只需要思考怎样找到 5 个这样的人，和其中 1 个开展长期稳定的关系就好。

一般而言，再婚时我们都会更加成熟理性，匹配的也往往是与自己总体差不多、可以满足彼此核心需求的伴侣。因此，如果你很担忧你心仪的对象“看不上你”，那么努力提升自己就好，无论再婚与否，发展都是硬道理。

最后，反过来看，如果一个人因为“离异”这个标签就排除你，这个人本身是否良配就已经很值得商榷了。

离异家庭的孩子一定有心理问题

一般而言，对于孩子的成长环境来说，“好的婚姻”优于“好的离婚”优于“不好的婚姻”优于“不好的离婚”（当然“好”与“不好”也要看程度）。许多濒临离异的夫妻强行纠缠在一起，不仅不会给孩子带来好的体验，双方的怨气、愤怒、紧张等负面情绪还可能时不时在相处的“夹缝”中“泄露”到孩子身上（即便嘴上不说，心里“我是为了你才不离婚”的想法仍会潜移默化地向孩子传递压力），进而给孩子带来更多负面影响。

在后面的章节中，我们会详细讨论与孩子相关的议题如何处理。

除了上述这些典型的有偏认知外，还有一些明显经不起推敲的认知也经常会困住我们，比如幸福精彩的人生一定要有婚姻、再婚夫妻一定不如原配、决定了就再不能改变，等等。如果你在选择时被这样的想法阻拦，不妨多问自己几次为什么、这个想法是怎么来的、是否有依据，之后进行一番批判性思考，通常可以自行解开枷锁。

被迫选择时的心态

当亲密关系突然亮起红灯，要求我们被迫做出选择时，我们的直觉反应往往是揪着对方反复问“为什么”。但是，这时的“为什么”往往是包着“为什么？”外衣的“为什么！”，通常得不到答案。何况人都有为自我辩护、合理化自身行为的本能，能觉察自省并勇敢说出真实原因的人少之又少。多数情况下，在提出离婚的当口，当我们去问“为什么？”时，对方的答案里往往包含着诸多的逃避、防御、自我美化等因素，很难让你得到真相。

这时，我们首先需要看清：“我”为什么要知道“为什么”？是为了搞清楚原因改善关系？是为了发泄情绪？是为了证明自己是个好丈夫或好妻子？是为了找到一个外部的坏人去报复？是为了争取利益？……如果我们只是想发泄情绪，或是证明自己，那不妨寻找更有效的途径。

如果我们确实需要知道这个“为什么”来帮助我们复盘、规划，那么我们可以避免直接问结论性的“为什么”，而是剥丝抽茧，问得更具体一些，然后自己得出结论。比如“我们结婚的时候一切都还挺好的，你觉得是什么时候我们的关系开始变了？”“和我一起生活你真实的感受怎么样？”“如果穿越到咱们刚结婚那会儿，你有什么给我或你的忠告吗？”等。

反之，如果追问“为什么”只是在宣泄情绪、拒绝面对现实，那么请首先返回第二章，处理你的情绪，再从第一章开始面对现实。

案例38

梁女士对自己的婚姻生活虽然略感无趣，但和丈夫的相处还算相安无事，直到有一天她无意中从丈夫的手机上获悉他在其哺乳期出轨的事实。当她质问丈夫时，本以为他会羞愧地请求原谅，没想到他以破罐破摔的态度直接提了离婚。梁女士懵了，怎么也想不通原本平静的生活为何会突然一落千丈。她反复追问丈夫原因，得到的也只是类似“出轨是我的不对，但我确实不想和你过下去了”等含混不清的回答。

梁女士前来求助时，举止优雅，情绪平稳，好像单纯只是来“咨询”一些问题的答案似的。最初我们的工作进展顺利，很快梁女士就意识到，她之前的生活看似平静如水，其实早就有了许多破裂的蛛丝马迹。然而，意识到这些后，梁女士既没有尝试去改善、修复关系，也没有着手处理离婚事宜，而是继续不停地追问“为什么？”“怎么回事？”“他是怎么想的？”……并且每当一些问题得到解答时，都会有新的问题源源不断地冒出来。

这让我意识到，梁女士的关注点并不是“哪些原因导致了当下的局面”以及“如何立足当下让未来的生活更好”，而是在反刍这些经历的过程中隔离自己内心强烈的情绪反应并拒绝面对现实。

我们花了很多时间来处理这部分情绪、感受以及底层的认知，几周后，梁女士终于停止了无休止的追问，痛哭了几次之后开始正视现实，考虑是否要离婚了。

多数情况下，刚面对“被迫选择是否离婚”时，我们的情绪都是不稳定的，往往会“做多错多”。因此，在这个阶段，如果你不确定怎样做对你最有利，那么“先什么也不要做”通常是最优选项：不要做决定，不要大吵大闹，不要“摊牌”，不要搞得世人皆知……先给自己一段时间缓冲，等情绪缓和一些后，去收集更多的信息，并按照前文所述，从看清自己、扩充资源、寻求专业帮助开始一步步处理后续事宜。

另外，如果离婚由对方提出，并且急切地希望得到答复，那么这个“急切”本身就说明你具有时间优势，就更不用着急做出决定了。

与此相关的议题我们还会在下一章展开讨论。

特定情况下的选择

尽管“是否要离婚”的选择是非常个人的事情，但一些情况的处理仍然有某些共性，这里讨论几个较常见的让人纠结的情况，仅供参考。

出轨一定要离婚吗？

谈到出轨议题时，我们经常会听到一种说法：“出轨只有0次与无数次，所以出轨就要离婚。”但在实际操作中，未必如此。

我们要明确一点，绝大多数情况下，出轨是用错误的手段去实现可以理解的需求。这里包含三层意思：

第一，出轨是错误的，错就是错，错的一方应承担责任；

第二，出轨方通过出轨满足了某个需求，甚至是刚需；

第三，这个需求之前无法在关系内用不伤害关系的方式满足。

如果这个需求始终存在，又始终无法以不伤害关系的方式满足（这要求双方都有改变的意愿和能力），那再次出轨几乎是必然的。反过来，如果双方还想要修复关系，那么在处理好彼此的情绪后（出轨一方应诚恳地道歉并承担起更多安抚情绪的责任），就需要双方一起坐下来看看，这个需求是什么，为什么之前不能以不伤害关系的方式满足，以后可以怎么满足。[1]

案例39

马女士出轨了，她非常自责，又克制不住，前来咨询。

马女士的丈夫牛先生是个温厚的老好人，据马女士的说法，牛先生对她没啥可挑的，样样都好，她自己也是外人眼里的贤妻良

[1] 有时双方对出轨的定义不同，为此陷入诸多争吵与互相伤害。但事实上，只要这个定义是对等的（你这样做是出轨我这样做也是），就不必过度强调对错。承认不同，然后以尊重的心态平等讨论，协商出一个双方都可接受的版本以及相应的应对方案即可。如果反复讨论都无法达成一致，则意味着这段婚姻存续的基础已经动摇。

母，二人属于模范夫妻的类型。但是遇到了“坏男人”郎先生后，马女士便深陷其中，不可自拔了。

我问马女士，和郎先生在一起有什么感受，马女士说，首先是刺激，然后是一种鲜活感，而且郎先生身上有股“霸道总裁”的“男人味”，有些辛辣，让她特别着迷。反观和牛先生的生活，则温暾而寡淡，就像没加调料的菜。再进一步讨论，这种期待源于哪里，马女士谈到她的父亲早逝，小时候被爸爸扛着游玩、紧抱着转圈的经历至今历历在目，那种被一个强大的男性呵护甚至支配的感觉一直是其埋在心底又反复压抑的愿望。

看清这些后，就容易处理了。一方面我们在咨询室里处理了一下马女士尚未完成的和父亲的分离、告别，以及那个不想长大的部分；另一方面马女士在评估了双方的关系、牛先生的个人特质后正式和牛先生谈了她出轨的经历、克制不住的冲动、对牛先生的感激与愧疚、不想毁掉家庭的愿望以及如果牛先生愿意和她继续生活，她期待的改变。

与马女士预期一致的是，牛先生生了会儿闷气，之后在马女士真诚的道歉与安抚后也就原谅了马女士，而令她万万没想到的是，牛先生当下便给马女士看了许多他收藏的情色影片。他告诉马女士，其实他一直对一方支配另一方的亲密行为很感兴趣，又怕马女士知道后觉得他变态。

两人一拍即合，他们白天仍然是恩爱的模范夫妻，晚上则多了许多双方都享受的情趣，马女士也顺利和郎先生分手。

在一些特殊的情况下，一方出轨还可能是双方的需求，在投射与投射性认同中双方共谋了出轨这一事件。

案例40

康先生的妻子出轨了，他“不可接受这一耻辱”，前来咨询。

令我意外的是，康先生绘声绘色地描绘妻子是如何对他不忠，出轨对象是什么样的人，二人是怎么认识并走近的……让我感觉他不只是不难过、不愤怒，甚至还有些兴致勃勃。

我找了个机会问他关于妻子出轨的感受，他轻描淡写地说了几句如何义愤填膺，便又兴冲冲地把话题转到了妻子如何和“那个男人”交往。

这次我打断了他，将我观察到的现象反馈给他，并直接请他澄清：“你得知你太太出轨的一刻，会不会有些踏实、安心、放松甚至兴奋？”

康先生沉默了许久，点了点头。

我们继续工作发现，康先生成长于离异家庭，父亲是个酒鬼，对他动辄打骂，母亲则在他很小时就“弃他而去”，这让康先生从小就极度自卑。而他太太则是当年的“校花”，性格还十分温柔。因此康先生对妻子一直是仰望的，甚至觉得这段婚姻有些难以置信。所以从两人确认关系开始，康先生就既不相信妻子（当时的女友）真的会全心爱他（“我觉得我不配”），也不相信妻子会忠诚于他（“妈妈都会抛弃我”）。为此他没少故意做一些伤害妻子的事来看她是什么反应。久而久之，妻子自然也难以忍受，最终在婚姻外寻求安慰满足。而得知这一切的时候，康先生反而松了口气，之前那种“我得到了不配得到的东西，不知什么时候又会失去”的紧张感随着“靴子落地”而烟消云散。

从上面这些案例中可以看出，出轨很难一概而论，需要具体情况具体分析，看看其背后的原因究竟是什么，以及双方的关系能否容纳这一冲击并谋求改进。

需要特别提醒的是，有些经济、生活或心理不独立，或是过度内归因、在互动模式中处于受虐位置的人，会在对方出轨时花费大量心思反复给对方找理由，这是不愿面对现实的自我麻痹。如果你属于这种情况，不要因为看了上文变本加厉地探寻对方为什么出轨、自己做错了什么，而应优先探索阻碍自己成长和独立、远离伤害性关系的内在因素。

家暴一定要离婚吗？

与出轨相同，“家暴只有0次与无数次”也是我们常听到的话。那么，出现暴力了一定要离婚吗？

这里我们需要先对暴力进行界定。按照世界卫生组织对亲密伴侣暴力（Intimate Partner Violence，IPV）的界定，言语暴力、躯体暴力、性暴力、冷暴力、经济剥削、人身控制等都属于暴力范畴。在这一界定下，如果说“出现暴力就要离婚”未免太过绝对，不少家庭都或多或少出现过言语暴力、冷暴力等行为，其生活仍可以继续。何况如前文所述，有时暴力起源于共谋（比如第一章延伸阅读中的那位五段亲密关系中都出现家暴的女士），很难一概而论。

因此总体而言，如果关系中只有少量的言语暴力、冷暴力等行为，躯体暴力只极偶尔地发生于“气头上”（有时还是在用轻度的躯体暴力对抗重度的言语暴力），且只是强度较低的推搡或类似动作，这时去进一步分析、理解哪些因素导致了现状[1]、铲除暴力背后的土壤更为重要。

但是，面对反复的暴力，**或者**高强度的暴力，应抱有零容忍的态度，第一时间报警、验伤、留存证据，之后坚决分开，必要时申请人身保护令，寻求警方、妇联、社工、律师、安保公司等专业帮助。

需要特别说明的是，在近年来，结合了言语暴力、人身控制、经济剥削、感受否认、精神操控的 PUA[2] 式暴力越来越多，如果你进入这段关系后自我评价越来越低，越来越自卑，越来越自我怀疑，社交越来越少，越来越觉得离不开对方，就要警惕自己是否在被 PUA 式暴力对待，甚至被洗脑。这时应及时寻求专业帮助（心理、社工 / 妇联、法律等），避免越陷越深。

最后，有时一些严重的家暴受害者、PUA 式暴力受害者凭自己的力量已经很难离开这段关系了，这时只要能够识别、求助，就还有希望。永远牢记，如果你已经身处“十分痛苦，暴

1 比如双方在互相投射认同中彼此促进，无法用非暴力的方式沟通，家庭日常太过“讲理”“可控”，无法呈现情绪化的部分等情况，都可能产生这一类“轻度暴力”。

2 英文全称“Pick-up Artist”，原意是指“搭讪艺术家”，后来泛指在亲密关系中刻意对另一方进行持续剥削、控制的行为。

力严重，无法离开”的境地，请务必寻求能寻求的一切帮助，包括报警。

和配偶的家人相处不好一定要离婚吗？

不一定，前提是你和配偶是“一伙的”，只要能做好隔离，不让对方的家人影响你和配偶的关系、生活即可。这个过程中你与配偶都要承担起相应的责任，作为两道防火墙，你的配偶是第一道，如果失守，你是第二道。

和配偶的抚养方式极大冲突一定要离婚吗？

除了一些特殊情况（比如频繁或严重的暴力等），答案通常是不一定。

对孩子的抚养方式往往深受一个人的性格与童年经历的影响。如果你对另一半的抚养方式非常不认同，那么与其不假思索地争吵或者决定离婚，不如保持觉察，坐下来坦诚、开放地听一听、谈一谈：是什么样的信念、情绪和经历导致了他 / 她对孩子做出某些特定的反应？而你反对这种抚养方式，又是出于什么样的信念、情绪和经历？双方是否有可能在理解彼此内心感受的基础上，商量出一个更折中的抚养方式？

案例41

姚女士和贾先生在有孩子之前感情不错，但是孩子出生后，两人由于育儿风格的差异开始频频争吵。姚女士一听到孩子哭，即使再累再忙也会百米冲刺般地跑过去抱起孩子，而贾先生对孩子的哭声常常不为所动，听见了也只是慢悠悠地过去看一眼，没什么大事就不加理会。姚女士对这种做法非常愤怒，认为这是贾先生懒惰和冷漠的表现；而贾先生对姚女士的做法也很看不惯，认为她在过度干预孩子的成长。

通过讨论我们发现，姚女士成长于一个四世同堂的大家庭，家里虽然人员众多，但没有人给过她专注的陪伴。姚女士不希望孩子体验到自己儿时感受到的忽视，因此尤其无法耐受在孩子哭泣时自己不在孩子身边予以安慰。而贾先生则成长于一个严苛的家庭环境，母亲对他总是事无巨细地过问与纠正，因此他极其反感孩子一有动静就要跑去“窥视”的做法。

在了解了双方不同的成长经历所产生的影响之后，姚女士和贾先生不再对对方的抚养方式抱有“恶意”的揣测，而是开始彼此商量如何以两人都能接受的方式对待孩子，比如听到孩子哭泣时先观察一下，如果孩子情绪激烈，那么就好好了解事情经过并安抚孩子，而如果只是在玩耍过程中产生的轻微情绪挫折，那么就试着给孩子更多空间尝试自己解决。

没什么冲突就不要离婚吗?

不一定，任何时候你都有权选择你的生活：在一起需要两个人都愿意，分开只需要一个人想分开。只要你**不愿意**和这个人继续待在婚姻关系中了，并且愿意承担离婚所需的各种成本，那你就有权提出离婚。

另外，如前文所述，婚姻生活冷暖自知，不要让外界的判断、观点、闲言碎语影响你的选择。

对本章内容做一个总结：未来不可预测，我们也无从知晓其他分岔道路上的风景与坎坷，在这一人生重大的岔路口上，我们唯一可以做的，就是准备好审慎决策的心理基础，找一个可以不被干扰地思考、体验的时间、空间，调整好心态、情绪，排除恐惧、焦虑以及诸多妄念的干扰，做出一个基于现实、忠于自己的选择，之后无悔地勇往直前。

7

Chapter

第七章

推进决定

本章重点讨论离婚进程中的议题，如果决定暂不离婚，可参照第五章内容尝试改善夫妻关系。

在现行法律下，离婚往往是个“持久战”，从做出决定到尘埃落定，常常需要少则数月、多则几年的时间，这就需要我们更科学系统地推进这个进程。

一般而言，离婚过程大致可分为四个阶段：准备期、谈判期、僵持期、推进期，有时不同阶段还会交替进行。

准备期

准备期指从下定决心要离婚到和对方开始谈离婚方案的阶段，或是对方提出离婚，从得到信息到和对方具体谈方案的阶段。

如果是你主动提出离婚，那么在准备期要做的是尽可能地梳理、扩充资源（具体见第四章），特别是当双方可能就财产、抚养权产生巨大争议时，这一阶段要提前寻求专业律师的帮助，尽早准备，最大程度维护自己的合法利益。

如果你是被提出离婚的一方，无论你对对方的提议早有预期还是措手不及，都不要急着答应对方离或者不离，而要先摸清以下三个问题。

对方为何提出离婚

如果对方是因为情绪冲动、误会、由来已久且并未解决（甚至未让你知道）的不满等原因，那么不妨思考、讨论，双方是否还有转圜的余地？是否都还有再努力一把的意愿？如果有，不妨按第五章的内容尝试改变；如果一方或双方不具有努力改善关系的意愿，或是关系内的资源已匮乏到几乎不可能满足某一方的重要刚需，那么不妨盘点自己的筹码与预期，进入推进离婚进程的下一阶段。

如果对方是深思熟虑后决定离婚，那么你也便省去了决策“要不要离”的过程，强扭的瓜不甜，与其勉强将二人扭在一起，在纠缠中消耗大量时间心力，不如尽快整理好情绪，直面现实，制定后续策略。

如果对方处于一种“没有那么多为什么就是要离”的焦躁状态，很可能其背后有某些你尚未了解的影响因素，并且这个因素通常是对方想要隐瞒的（也往往是可以被你利用的）。

对方为何在这个时间点提出离婚

这个问题暗含了三层含义：第一，对方何时开始考虑离婚的，以及为什么要离婚；第二，是什么导火索触发了对方在**此时**提出离婚；第三，对方和我相比，谁更急着离婚，急到什么程度，愿意放弃多少利益。

第一个问题有助于我们理解关系中发生了什么；第二个问题有助于我们厘清眼前的事态已经发展到了什么程度；第三个问题则可以帮助我们制定策略，让我们进退有据。对一些已经明确进入博弈状态、不再可能友好协商离婚的伴侣而言，通过各种手段促使对方比我们更着急往往是有效的争取利益的博弈手段。

对方关于离婚方案有何期待、诉求

如果双方还有较好的信任基础、一定的感情基础，属于离了婚也还会彼此欣赏，甚至可能成为亲人或朋友的伴侣，双方通常可以相对敞亮地提出期待和诉求，本着公平体谅的原则协商达成一致。

在除此之外的情况下，这一阶段双方还在互相试探，彼此都不会亮出底牌，所以对方此刻提出的期待、诉求往往可以视为其可接受的上限，而严格按照法律判决对方可能得到的最差的分配方案则可视为下限，二者之间就是博弈的空间。

在摸清这三个问题的过程中，要做到多听多问、少说少责，如果自己情绪不好，那就先调整好情绪再进行沟通。摸底的过程中也要照顾对方的情绪，避免把会谈拖入毫无信息量的指责、发泄、冲突中，尽可能让谈话围绕上述三个问题进行。

摸清上述三个问题后，我们便需要按照前几章的内容，调整情绪，明确刚需，梳理、扩充现有资源（包括预先排除一些可能的干扰因素，比如子女、父母等）。如果决定好离婚，则或者友好协商，或者明争暗斗，完成漫长的博弈过程；如果还想尝试挽回，那也要先把手上的牌攒够，再和对方坐下来交流甚或谈判。

另外，有时在对方猝不及防地提出离婚后，双方经过交流沟通，是有可能挽回婚姻的。但这种“没有详细沟通就提离婚”的做法背后，往往是关系中的重要隐患，最好在后续的生活中予以重视和探讨。

谈判期

谈判期，指双方坐下来谈“离不离”以及“怎么离”的时期。

在这个时期，极少伴侣仍会对彼此满怀爱意，但也只有少数伴侣提及对方时只剩下极端的仇视。大部分伴侣对对方的情感是爱恨交织的：一方面累积了诸多不满；另一方面，如果回想当年种种，又会觉得一阵感伤，心有不忍。正因为此，这一阶段的互动既可能体现为和平的**对话**，也可能出现剧烈**对抗**，有时二者交替进行。

无论对话抑或对抗，这一阶段都将就钱（包括房子等资产）、抚养权等重要事宜开始沟通博弈，这个过程往往是困难的。

对话

谈判期能否相对双赢地友好协商对话（而不至于演化至敌对争抢甚至互相伤害的对抗），其核心往往在于能否更多地激活彼此尚有感情的部分，安抚彼此有怨气、有不满的部分。

案例42

杨先生和张女士在离婚议题上已争吵半年有余。在咨询室里，杨先生向我反复抱怨张女士的不是以及她家人对他的虐待，在他的叙述中，张女士没有一点好。自然，两人的协议也始终没有谈妥。在一次咨询中，我问杨先生："当年张女士是怎么吸引你的？"杨先生愣了好久，没有回答。我又问他："你心里对她还有爱的部分吗？"杨先生沉默许久，揉了揉眼睛，叹了口气，岔开了话题。

那次咨询之后，杨先生出差去另一个城市，那里恰好是他和张女士认识的地方。杨先生睹物思情，十分伤感，还给张女士买了一份礼物——这是过去多年内都未发生过的事。回来后，他把礼物给张女士，可张女士却说你别以为给我买点东西就可以如何如何了，将杨先生臭骂一顿。

杨先生这回没有和张女士争吵，而是跑到咨询室里哭了起来。对他来说，虽然之前他对张女士积怨甚深，但心底仍有旧情，仍然渴望张女士能够有所改变，所以在协议谈判中既不愿意退让，又狠不下心强硬施压。但这次冲突后，他彻底死心了，大哭一场后，他回去强硬地推进了离婚进程。张女士一以贯之地强硬对抗，却发现这次杨先生没有一压就退，而是更加强硬。几轮强硬对抗后，张女士忧惧渐增，开始找补。

最终双方都给对方施加了大量额外伤害，才终于离了婚。

旁观来看，张女士错过了一个让双方都减少损失的机会，杨先生也没有在送礼物这个事情上尝试着多进一步——假如他可以把和我说过的对张女士的留恋、歉疚直接用语言传递给张女士，张女士也可以领情缓和，至少不再进一步羞辱杨先生，双方其实完全有可能极大减少对彼此的伤害。

然而，双方旧有的相处中，固化了太多模式，积重难返。杨先生说不出那些真情实感，即便说出也会被张女士用来进一步指责他，双方的资源不足以突破这些限制，最终只能悲剧收场。

这个“唤起正面情绪、安抚负面情绪”的过程，可以参考第五章中与父母交流时的一些做法和思路，特别是要多承认对方已有的付出、承认对方的不满可以理解（站在对方的角度），也可以坦言自己伤感或不舍的部分。

需要注意的是，这一阶段的讨论应立足当下，时刻将话题拉回对具体离婚方案的讨论（可以适度谈论自己的感受、需求以及对对方的理解），避免陷入无休止的对旧有矛盾的处理。

案例43

戴女士是我的朋友，她和宋先生的离婚协议谈了几周却毫无进展，故来寻求我的建议。

我们一起复盘了她和宋先生的对话，发现几次谈话都会在很短时间内落入指责与抱怨中，接下来宋先生会进入惯常的沉默状态，双方便会再次回到原点。比如常见的对话是这样的：

戴女士：你一天到晚就知道工作、工作、工作，从来不着家，这个家里啥事儿不是我操心的？！我跟你这么多年我图什么了我！！现在你还跟我算这账！你得补偿我！

宋先生：要不是我一回家你就吵吵吵，我能不回家吗？！

戴女士：你还委屈了你！我说你说得有错吗？！大老爷们我说你两

句怎么了！

宋先生：我不想跟你扯那些！再怎么说我也把钱都挣回来了啊！有本事你别花！

戴女士：就知道你又要拿钱说事儿！赚两个臭钱了不起啊！要不是我照顾这个家，你有心思去好好赚钱嘛？！

……

在这个过程中，戴女士和宋先生都在表达“我付出了”“我有不满”，但都没有承认“你也付出了”“你也有不满”，并且当对方说“我有不满”时就回应“你不该不满”“我更不满”，当对方说“我有付出”时则回应“你的付出不算什么”“我的付出更重要”。这样，双方都为了达到“我的不满和付出要被承认”而陷入了“你的不满和付出不算什么”的相互踩踏、互相指责中。这种沟通升级到最后，往往或者以热暴力结束，或者以一方冷暴力或逃离结束，永远是双输结局。

如果想在婚姻内解决这个沟通模式，双方都还有很多要成长的地方，但鉴于戴女士只想处理离婚谈判过程中的沟通方式，我们便一起复盘了一下怎样才能把话题收敛起来，围绕着她真正想谈的事情展开。经过几轮模拟演练后，戴女士逐渐建立了一套“坦率说自己的需求，围绕核心需求沟通，承认对方的不满与需求，不再期许额外的承认”的模式，和宋先生的会谈很快取得了突破。

以下是一段戴女士和宋先生新的对话。

戴女士：我其实对未来有些担忧，现实层面有 XXXX 这样几个问题，压力确实很大，我希望在财产分割上可以用这样的方案（递给宋先生打印好的方案）。我知道这个方案是更照顾我的，所以如果可以按这个方案走我会很感激。

宋先生（沉默，看，有些不知所措）：我得想想，这不是一个小数字。

戴女士：确实不是。

宋先生（气鼓鼓地）：现在你知道赚钱不容易了吧？我赚钱也很辛苦的，你就总不当回事，现在又和我说现实问题！

戴女士：你确实为这个家付出很多，赚钱也是重要的付出，是应该被承认的，辛苦了。

宋先生（有些错愕，沉默）：……你这个方案我这边压力也很大的！

戴女士：理解，我知道你也面临 YYYY 这些问题，要扛的压力确实也很大。

宋先生：……我再想想吧。

戴女士：好的，谢谢，如果你有什么顾虑，我们可以现在讨论。

宋先生：……按你这个分配方案，我手上的现金不够，这就肯定得让我爸妈知道。

戴女士：我明白了，这确实压力挺大的，那样的话得辛苦你做他们的工作了。

宋先生：他们一定会跟我把房顶掀了的！

（注意下面的粗体字是戴女士唤起资源的神来之笔。）

戴女士：**委屈你了……我记得谈恋爱那会儿，就是你熬夜给我写的大作业，其实这么多年下来，我知道你扛了很多额外的东西。**

宋先生（委屈得眼圈都红了）：那你还不珍惜！

戴女士：**唉……太多时候我们可能都是想让对方承认自己很辛苦、自己付出了很多，可说出来的话就都成了指责对方，说对方的付出不值得一提。走到这一步，我不知道你的感受怎么样，我其实心里挺难过、挺遗憾的，毕竟一起憧憬过那么多美好的未来，也一起为这个未来付出过很多……**

宋先生（沉默，看看分配方案，叹气）：……我再想想怎么办比较好吧。

戴女士：好的，有什么需要我配合你的吗？

宋先生：暂时没有。

戴女士：好，你想到了随时和我说。这个事儿我希望能在 × 月 × 日前定下来，会给你压力吗？

宋先生：我尽量……

戴女士：这样，无论结果如何，× 月 × 日我们再谈一次，如果你有什么需求，也可以整理好一起和我谈。

宋先生：好……

出乎戴女士意料，三天后宋先生就解决了现金问题，答应了戴女士的全部条件。

诚然，现实中的剧情并不都会如对话中这般发展，但对大多数伴侣而言，两人能够走入亲密关系，就说明具有一定的对话基础，在离婚环节，所有的指责、否认都会弱化这个基础，所有的倾听、理解、承认，包括美好的回忆都会强化这个基础。只有对话基础足够强，才有可能通过沟通交流解决冲突矛盾。

对抗

如果双方已经不可挽回地进入向下螺旋，在互相争抢、彼此伤害中一路狂奔，难以刹车，那也不用害怕，更不用因此自责。毕竟现实不是童话，很多时候尽管不愿意，我们还是会卷入对抗的旋涡，这时就需要我们以坦然面对的心态去制定详细的博弈策略来完成谈判。

与对话时的心态接近，对抗中的心态更要做到一切围绕你的实际刚需进行，在谈判中尽量摒弃谁对谁错、谁付出更多、对方怎么看你、他人怎么看你、你自己是否是个道德上“无私”的好人等干扰因素，或将其置于次要位置。理性地制定策略，围绕自己最核心的需求进行主次排序，优先保障自己最想要的东西即可。在“绝不能失去”的东西上寸土不让，在“可以交换”的东西上你来我往，既不要因为害怕冲突、害怕被指责等因素而一退再退，也不要陷入“我要、我要、我都要”的盲目索取（当然，开高价待还价是可以的），一个有进有退的策略往往是最容易实现的策略。

在这个过程中，有两件事情我们要区分清楚：一是我们内部的排序、定位，哪些可以舍弃、哪些不能；二是我们传递给对方的信息。对于尚可对话交流的伴侣而言，“明牌交流”是可选项之一，但对于已经进入斗争状态的伴侣而言，这二者要有所区分。必要时，不妨换位思考，想清楚对方最在意什么、最不能失去什么，然后策略性地利用对它的争夺与退让来换取我们最想要的东西。

这个对抗的过程，往往会伴随各种激烈的冲突。如果你已经处于这一阶段，建议每天尽量为自己划出一小段不被打扰的时间，好好平复情绪，复盘刚刚发生的诸多冲突，并在观察冲突的过程中剥丝抽茧，进一步看清自己的需求、坚持、底线以及对方的需求、坚持、底线。很多时候，如果双方卡在某个点上怎么也谈不拢，这种自省以及带着答案去互动、验证，很可能会成为破局的关键。

钱与抚养权

钱与抚养权都是律师的专长，建议寻求律师的专业帮助，这里仅对一些与未来生活有关的部分展开讨论。

谈钱时，一般而言，眼前的钱比远期的钱更重要，因为诉讼后哪怕获胜，对方是否按时执行仍是未知数，可能的额外执行成本不低，甚至可能影响你开始新生活。因此，能一次性切割干净的部分尽量一次性切割干净，避免夜长梦多，如果对方信用不高，牺牲小的利益来促成尽快的清晰分割往往是值得的。

在抚养权方面，很多时候——特别是更爱孩子、照顾孩子更多的一方（往往是母亲）——会陷入两难境地：不要抚养权担心伤害孩子，要抚养权影响自己之后的生活。此时并没有完美答案，只能自己为自己的生活做出选择。一般而言，如果你更多是出于道德、责任而不是出于爱而争取抚养权，那建议进行更慎重的评估。因为在这种情况下，我们难免会觉得孩子对自己有所亏欠，而这种“我为了你才如何”的心态并不利于孩子的成长，特别是在孩子发展出独立人格、对我们有所反叛时我们会格外难以承受。当然，如果对方的抚养条件实在太差，我们出于责任、义务去承接抚养权，那对孩子来说，能够在我们身边（哪怕是基于责任、义务）被合格抚养也胜过遭遇双方的抛弃或对方的虐待。

在争夺抚养权之前，不妨问问自己，抚养权对我来说意味着什么：孩子和我更亲近？孩子以后更会听我的？孩子会得到更好的成长？和我有更多（高质量）互动？我以后养老时更有依靠？某种形式上的传宗接代感？可以延续仇恨报复对方？还是其他含义？

特别要强调的是，抚养权并不一定会带来孩子的亲近或认同。孩子是个有血有肉的**人**，在漫长的成长中，每一次互动都会进入其内心。如果你争到了抚养权，却对孩子始终漠不关心，缺乏理解，甚至多有凌虐，那孩子反而可能会更向往远方的那个爸爸/妈妈，并不断在幻想中美化对方。

反之，抚养权给对方也不意味着孩子不会与你亲近。

咨询师的经验

有时经济基础弱的一方（往往是女方）会担心争到抚养权后，辛苦将孩子养大，孩子却因家贫而“背叛”抚养者，同不在身边、经济宽裕的生父/生母更为亲近。实际上，只要抚养者的抚养方式不算太差，这种情况是很少发生的。反之，如果抚养者因为自己的原因而无法给孩子身心健康的成长环境，亲子关系紧张甚至恶劣，那么孩子会倾向于向那个不在身边的生父/生母寻求安慰，这也是人之常情。如果对方恰当给予安慰、支持，孩子心里的天平自然容易倒向对方，这往往并不主要是因为钱或是更好的生活条件。

另外，孩子会从另一方亲生父母那里得到资源，如果抚养者对此并不为孩子感到高兴（有多一个人爱他、支持他），而感到恨意、挫败、恐惧等，那抚养者有必要觉察一下自己内部发生了什么，必要时寻求专业帮助。这个部分会让孩子难以自处，对他/她成长的危害是非常大的。

在争取抚养权之前，有的家长会对自己能够照顾孩子的时间、精力、能力或经济抱有盲目乐观的幻想，或妖魔化对方（实际是合格的）的育儿水平，在没想清楚的情况下去争抚养权。最后孩子的抚养权争到了，却只能交给老人照看，在当事人面对需要全力以赴的事业发展机遇，或是想要开展新的亲密关系时又会觉得孩子麻烦。这样做：1.不利于孩子的成长；2.不利于自己的发展；3.会非常伤害未争取到抚养权一方的情感；4.等孩子长大后很可能不会和抚养者有太深厚的感情，抚养者又容易觉得愤愤不平，形成多输的局面。

相比双方争夺抚养权，双方都不想要抚养权的局面更为困难。这时已经没有什么方法不会给孩子造成伤害了，双方只能坐下来谈一个伤害相对较少、彼此也可以接受的方案。总体而言，优先考虑抚养环境的安全稳定（特别要注意的是性安全，无论男童还是女童），其次要有对孩子最低限度的理解和关怀，最后再考虑附加条件，比如更好的学区等。

僵持期

对不少伴侣而言，从提出离婚到正式谈判，从谈判陷入僵局到结束相互消耗走上法庭，经常会有不短的时间处于彼此僵持不下的状态。这一时期既可能是表面和谐的，也可能是争吵不断的，还可能以冷战为主，或者交叉进行。这往往是个彼此折磨、煎熬的时期。

但是，这个时期的存在也有其正面意义，主要体现在以下三个方面。

僵持期是让双方都破灭幻想、回到现实的阶段

幻想破灭得越早，越可以尽早基于现实推进双方关系。然而，幻想的破灭很难一蹴而就，对一部分人而言，更是需要反复被不得不面对的现实“打脸”，经历一段漫长的否认与回避。僵持期的重要意义以及任务之一，便在于尽量加速完成这一过程。

僵持期一定程度上为双方进行有意义的交流做了铺垫

对许多无法交流的伴侣而言，只有双方都真正意识到关系将要结束的一刻，才有可能谈论内心的感受，说出那些压在心底的话。这时，“我们真的要分开了”会撕下诸多封条，反而会促进交流。许多伴侣会反馈：正式提分手才一个月，我们的交流却比之前许多年都要多。虽然这种交流经常裹挟着巨大的情绪（即使冷战也是在传递愤怒与无力），但它们仍然是重要的机会。也有不少伴侣会在这个过程中冰释前嫌，重归于好。

僵持期也是一个双方准备告别、分离的过程

如前文所述，亲密关系——哪怕是低质量亲密关系——的建立，都会伴随依恋的建立。当“分离”被正式提上议程（并且破灭了“这是在闹情绪”“这是对方一时冲动”等幻想后），依恋被切断的焦虑就将被激活，不同人会将这种分离焦虑外化为不同的行为——包括受虐地讨好挽回、愤怒地攻击、先抛弃对方等，这些行为的背后，都是对分离的抗拒（我们将在下一章着重讨论如何处理分离）。而僵持期无疑给了双方一个处理分离的缓冲。

虽然僵持期具有特定功能，但体验往往很差。这个时期，我们经常会承受来自配偶、长辈等的持续施压，先熬不住的一方往往会做出妥协、让步。从这个角度看，僵持期也是一个比拼双方承压能力的时期。

想增加承压能力，最简单的方法是围绕自己的核心需求，将目光、时间、精力从一城一地的争执、怄气中移开，从对未来的焦虑、幻想中移开，移到当下需要扩充资源的领域。在扩充资源的过程中，我们既度过了难熬的困难期，也让手上的资源越来越多。无论是要改善关系，还是推进离婚，有时恰恰是这个时期获得的增量资源会成为至关重要的影响因素。

推进期

上述几个阶段持续往复几轮后，如果关系未在冲突中得以修复，通常伴侣二人就会走到实质推进离婚流程的推进期。

进入推进期的伴侣往往有三种类型：第一类，前几个阶段把该做的都做好了，推进期主要是办手续、处理事务；第二类，双方已就离婚达成一致，但对于财产和 / 或抚养权的分配仍有较大分歧；第三类，只有一方坚定要离婚，并且不想再将时间消耗在无休无尽的僵持或谈判之中，希望强行推进进程。其中第一类是最简单的，做好功课，按照法律流程，必要时寻求可靠的专业帮助；第二类中的多数和第三类则往往都是一场硬仗。

对这两类情况，一般而言，协商解决仍是成本最低的做法（包括简单寻求法律方面的专业意见后进行协商）。协商不成，再考虑通过法律手段正面“硬扛”。

在这个阶段的协商中，我们需要分“两步走”来有节奏地推进进程：第一步，排除利益以外的干扰（有时表面上的利益争夺其实是利益以外的诉求表达）；第二步，谈利益（抚养权、财产分配）。

案例44

孟先生和杜女士是通过交友网站认识后走入婚姻的。结婚前两人就已矛盾重重，但杜女士表示，自己因为孟先生不注意而不得不服用了紧急避孕药，对身体伤害很大，要求孟先生负责。孟先生犹豫再三，还是同意了杜女士的要求，两人完婚。

一个月后，孟先生无法忍受杜女士极不稳定的脾气，向杜女士提出离婚，之后便度过了噩梦般的三年。杜女士先后多次到孟先生单位，跟踪孟先生领导并向其哭诉，迫使孟先生数次辞职，还因此换了城市，而杜女士则仍会追到孟先生的城市、单位。孟先生也曾起诉离婚，但杜女士成功制造了几次两人再度同居的事实，并在法庭上表示两人感情尚存，使得法院多次判决驳回了离婚诉求。熬了三年后，孟先生表示只要杜女士愿意离婚，他不但可以净身出户，甚至愿意签署并不存在的巨额借款协议，长期以他及家人可承受的极限“还钱”给杜女士，但杜女士仍不为所动，坚决不离。

而这一时期杜女士本人过得也十分痛苦：因为全副精力集中在孟先生身上，杜女士自己也丢了工作，靠父母的接济生活；因为长期经济压力和精神压力大，杜女士被诊断为心境障碍，需要服用抗抑郁药物——拿到诊断后，杜女士进一步表示，是孟先生把她害成这样的，她不能放过孟先生，于是更不接受任何离婚请求；同时，在孟先生逃出家庭后，杜女士因为太过孤独无人陪伴，又约会过一些网友，但几乎无一例外都以更重的伤害告终，甚至还因此染上了妇科疾病。

我与杜女士讨论，她的诉求到底是什么。杜女士一开始表示她想要怎样怎样的物质补偿，但事实上，在过往的三年中，杜女士多次提出过要物质补偿 / 行为补偿，孟先生都排除万难，予以满足了。但之后杜女士便会反悔，甚至会把孟先生补偿给她的钱财以各种方式浪费掉、“散掉”（比如多次购买昂贵的奢侈品后几周内便以远低于市场价的价格卖掉），并不视之为“属于我的财产”。我们进一步讨论，杜女士开始哭诉她对孟先生的恨意，进而话题延续到杜女士对父亲的恨意——父亲当年对母亲始乱终弃，也未保护幼年的杜女士免受熟人性侵。在诸多创伤暴露、修复后，杜女士一度表示，她其实一直能模糊地感到，自己内部有一部分极不理智，会被一些很可能伤害自己的人吸引，因为“去靠近那个‘渣男’然后毁掉他、与之同归于尽”对她有着某种说不清道不明的吸引力。

当这个部分存在时，无论孟先生怎样去满足杜女士的条件，包括找律师去和她谈可能的利益分割方案都是徒劳的，因为杜女士压根就不追求利益最大化，甚至不追求利益，她只想“同归于尽”“血债血偿”，甚至“当年的血债现在换个人偿”。

在我们处理了这个“可能给她自身也带来持续的巨大伤害”的部分后，终于有一天，杜女士表示，这个游戏玩累了，不玩了，只要了一笔公平的分手费后，就放过了孟先生，也放过了自己。

诚然，这样的案例相对极端、少见，但如果你发现和对方谈利益怎么也谈不拢，并且对方的期待明显超出了法律可能支持的程度，那除了对方在刻意拖延或是战术性地报高价外，最大的可能就是有利益以外的东西混进了谈判。这时，如果你没有极限施压逼迫对方就范的能力，那坐下来好好聊聊，听对方发发牢骚、倒倒苦水，反而可能是一个可行性更高的做法。

在剥离了利益外的诉求干扰后，我们会回到利益争夺中。

争取利益之前，我们需要先做好预案，特别是要尽量看清双方的底线、上线以及为此可能付出的成本，对这三个指标看得越清晰，谈判起来越主动。这时我们不妨将底线修正为上法庭时**最可能**得到的结果，上线仍然是令我们觉得"满意了"的结果，成本则主要包括律师成本和拖下去给彼此带来的额外成本，这其中既包括经济成本，也包括时间成本、机会成本、心理成本等——例如，如果一方正遭遇"第三者逼宫"，则其拖延的成本会很高。从理性角度讲，只要你提的方案对方咬碎牙可以接受（甚至可以击穿对方预设的底线），同时你又成功地让对方觉得"为了额外的收益不值得折腾"或是"再争下去成本太大不划算"，对方就会同意这一方案——当然，对方也可能抱有相似的思路。

如果双方博弈无法达成一致，决定起诉离婚，在上法庭前，会有庭前调解流程。法庭工作人员会根据经验对双方进行调解劝说，让双方改变预期，商量一个新的方案，调解不成再进入审理环节。由于法庭工作人员有丰富的工作经验和高超的谈话技巧，很多人在这个阶段会放弃其之前声称绝不能碰的底线，以一个之前都没想过可以接受的方案接受调解。所以，准备好多个预案、做好排序再上调解庭可能是更为明智的做法（避免进调解庭后情绪激动，仓促做决定）。

由于进入这个阶段的争执基本围绕财产和抚养权，所以做预案时不妨围绕这两点穷尽自己和对方可能主张的所有方案。需要注意的是，在进入法律程序前，不要对结果做过多硬性假设，尤其不要做出以下两类假设。

- 不要轻易假定对方一定会争或者不争抚养权。在许多案例中，一直到进调解庭前一秒还声称一定要抚养权的一方，都可能会以某些条件放弃抚养权，反之亦然。
- 不要轻易假定法律不认可的财产你一定争不到，法律认可的财产你一定争得到。我接手的不少案例中因为一方的情绪先崩溃了（经常是男方），最终主动将按法律几乎不可能（全部/部分）判给对方的房产“送”给了对方。

如果思路混乱，不妨以表 7.1 为例进行穷举梳理。

表 7.1 离婚预案的思路梳理

	抚养权方案 1	抚养权方案 2	抚养权方案 3	……
财产分配方案 1				
财产分配方案 2				
财产分配方案 3				
……				

总体而言，虽然到了决策、执行的阶段，双方更多会在理性层面交流，但对于离婚这一特殊过程而言，仍然可能有大量情感因素参与、扰动，也有许多外部压力源持续冒出（特别是来自父母的压力）。这个阶段将运用我们在前几章中学到的所有内容，调节心理压力，把控这一进程的节奏。面对和对方的冲突、矛盾时我们尽量激活彼此尚存的感情，协商解决，但也要做好斗争，甚至持久斗争的准备。在这个过程中，我们要最大限度地调动资源（特别是专业帮助、朋辈支持，有条件的调动家庭支持），让未让人满意的婚姻可以在分开时画出一个相对完满的句号。

延伸阅读

判断危险人格

在制定离婚策略的过程中，有两种情况都是要避免的，一是对方并不真的会使用极为危险的暴力，但是由于我们自身的恐惧、早年的经历、看过的报道等影响，过于担心对方使用危险暴力，进而在这个过程中一退再退，牺牲过大的利益；二是对方具有相当的危险性，却依然进入了互相伤害的螺旋，最后出现了违法的伤害行为。诚然，人是复杂的，很难简单划分，也有许多灰色地带，但总体而言，可以凭借以下三个维度来粗略评估其危险性。

- 第一个维度，是人格发展水平，这一点在第五章的“延伸阅读　人格发展水平评估概要”中已做了阐释。
- 第二个维度，是其日常表现出的共情能力、残忍程度、暴力性等。
- 第三个维度，是其可调动的支持资源，如陪他/她苦闷时喝酒、聊天的兄弟/闺蜜、让他/她惦念的亲人、他 / 她仍在意的工作等，所谓“光脚的不怕穿鞋的”中“穿鞋的”一类。

如果一个人的人格发展水平很低，共情能力很差，残忍、暴力又极端，情绪控制能力过低，很容易“想不开”，又没什么亲朋好友、在意的事情可以拉住他 / 她，那么其危险性还是偏高的。

对于危险性高的人，要注意自身的安全问题。如果能通过一些行为让他 / 她主动离开你，会是相对安全稳妥的策略。在这个过程中，注意不伤及他 / 她脆弱的“尊严”，也不要让他 / 她认为你犯了不可饶恕的罪行。

但与此同时，由于媒体舆论的渲染等因素，我接触到的大部分来访者（特别是女性）会高估对方的危险性，过早地主动放弃大量应得利益，这同样应该避免。一般而言，如果没有相对明显的迹象、证据表明对方会做出严重违法的事，我们应假定对方是守法公民，是行为有迹可循的普通人。

8

Chapter

第八章

分离与重建

对分离的处理，从“离婚”这个选项被正视那一刻便已经开始了。在第七章讨论的推进期里，更是需要处理大量与分离有关的现实议题与心理议题。然而，对多数人而言（包括一部分声称“早没感情了”的配偶），从拿到离婚证，到与过去的关系完成较为彻底的告别并开始新生活，仍需相当长的时间。

以下我们将从物质、生活、心理、亲密关系及第三方关系（包括孩子）五个层面讨论离婚将带来的分离与重建。

物质层面

财产的分割方案通常在上一阶段都已尘埃落定，在后续的推行过程中，如果遇到阻碍，那么既不要抱有“我要当‘好人’”“他/她也不容易”的心态委曲求全；也不要一味假定“判都判了后面会一切顺利”，之后遇到阻碍就被失控感击垮。在所有物质财富分割完毕之前，最好抱有“以法律判决为准”“自己的利益需要自己一步步争取”“不一帆风顺是常态”的心态，以足够的韧性推进相关交割的顺利进行。

如果涉及长期的抚养费，后续的持续交涉是难以避免的，这时需要守住边界：如果对方信誉不好，那么在其第一次拖延抚养费支付时就一定要在**行为上**给予警告或惩处（参照第五章的“亲密关系中的行为管理”），清晰无误地传递一个信息：边界是不容突破的。

生活层面

随着熟悉的配偶离开，从前的生活平衡被打破，我们将不可避免地进入一个或长或短的动荡期。一般情况下，这不会给成年人带来难以逾越的困难，只要不要因为恐惧独立生活、低估自己独自生活的能力而过早开始下一段关系即可；但对未成年子女而言，生活层面的重构是一个重要议题，需要认真对待。

即使离婚了，仍然可以合作育儿

无论前任是否是个差劲的丈夫/妻子，只要他/她不是个过于差劲的父亲/母亲，我们还是建议孩子与对方保持一定程度的亲子互动。如果双方可以合作育儿，对孩子而言是较为理想的状态；次级选择是让孩子有一个相对稳定、均衡的居住状态，和父母都有相处时光，比如国外很多离异夫妻会选择规律的接送制（见后文）；如果无法做到稳定、均衡，能够尽量让孩子得到双亲的关照，仍往往是利大于弊的。

在这个过程中，我们一定要明确几点：第一，这个世界上多一个人爱孩子、愿意为孩子投注资源，对孩子是有益的，哪怕这个人我已经恨之入骨；第二，选择结婚、选择生育、选择离婚都是成年人的事，是我们的事，不是孩子的事，不应让孩子为离婚或不离婚负责，或是承担挽回婚姻、控诉对方等任务，这些都会给无辜的孩子带来伤害。

当然，实际情况会非常复杂，我们也不能一味生搬硬套。在一些少见的情况下，孩子和另一方的接触只会单纯地带来伤害，这时就完全可以减少甚至切断接触（有时会产生少量法律风险，应积极应对）。至于要减少到什么程度，尽可能以孩子的体验和期待为准。

规律接送制

西方一些父母在离婚后，会协商一个共同抚养孩子的机制，保证孩子在亲生父母（下用 A 和 B 指代）两边的居住时间基本相等；孩子不会和父母任何一方分开太久；孩子的学业不受影响，生活相对规律，AB 不用经常碰面；AB 双方都可以和孩子共度周末，也都有属于自己的周末时光。

举例而言，如图 8.1 所示：第一周周一 A 送学校 B 从学校接，周二在 B 家，周三 B 送 A 接，周四在 A 家，周五 A 送 B 接，周六周日在 B 家；第二周与第一周相反，周一 B 送 A 接，周二在 A 家，周三 A 送 B 接，周四在 B 家，周五 B 送 A 接，周六周日在 A 家；第三周同第一周一样，完成一个循环。

诚然，这个方法在我国推行有太多的约束阻碍，但其思路是可以借鉴的，如果离异双方均愿意为孩子多付出一些，那么可以协商一个类似的机制，并尽量制度化、规律化，减少日后的沟通成本，也减少孩子生活中的动荡。

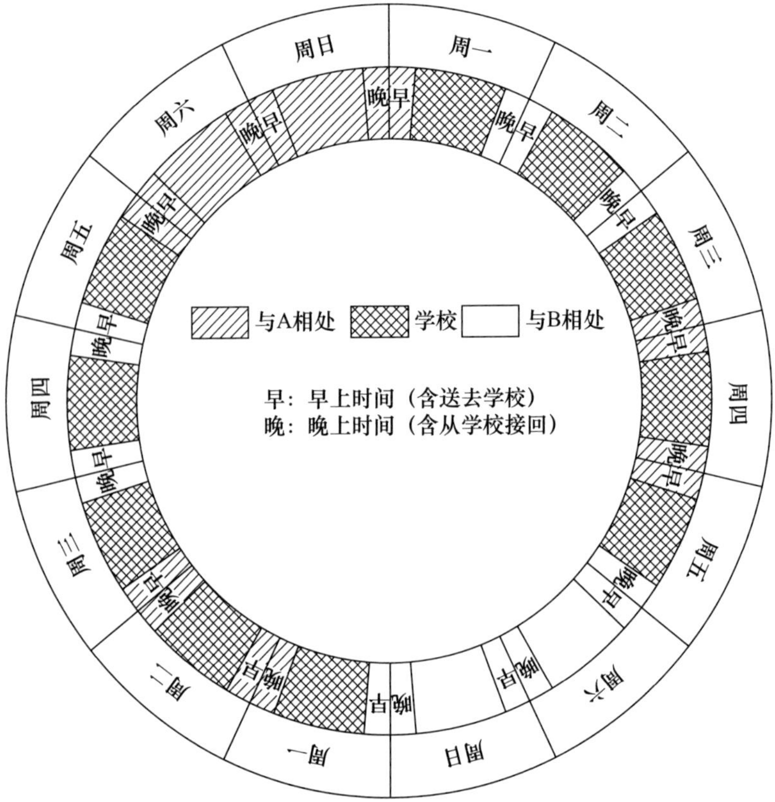

图 8.1　离婚父母的共同育儿机制示例

左支右绌，不如发展生产力

对中国城市的多数白领家庭而言，如果孩子年龄较小，离婚往往意味着要与父母合住，这个过程很可能引发新的矛盾。许多人会在一地鸡毛中将自己折腾得疲惫不堪。这时，与其在本已十分拮据的资源中腾挪修补、恶性循环，不如用发展的眼光解决问题。对多数城市白领而言，“何以解忧，唯有致富”，在不显著增加加班时间的前提下让工资上涨，涨出一份专职 / 兼职保姆钱，由保姆负责多数事务性工作，不再需要与父母同住，可以省出大量时间心力用于自我提升、自我保养、休息、与孩子共度亲子时间，再通过提升自己的状态与素养进一步提高赚钱效率，进入良性循环。

对于保姆的挑选，可参考第五章的延伸阅读，重点考察其对孩子的共情能力；对于增加收入的议题，不妨回顾第四章，思考是什么阻拦你获得更高的收入，你有没有长期处于被低估的状态，等等。

心理层面

在推进离婚的阶段，为了不影响理性决策，我们几乎不可避免地会压抑、隔离许多汹涌的情绪，包括愤怒、悲伤、委屈、不甘、不舍，等等。因此，在诸多事务性工作做完后，我们往往需要给自己一个专门的时间、空间来消化这些情绪，完成这场告别，避免这些心理意义上的“未竟事宜”为后续生活——特别是亲密关系的开展——带来负面影响。

案例45

江先生离婚前与妻子吵了很多年架，对妻子极其不满，并且在离婚过程中两家人都参与了战斗，“撕”得惨烈而难看。所以拿到离婚判决后，江先生在咨询室里眉飞色舞地告诉我：“可算松口气了！终于告别了那个恶妇，新生活在前面等着我！”

在接下来的半年里，江先生也确实好像完全走出来了，不仅工作更加起劲，还开始不停相亲约会。

但他的约会并不顺利：从前他并不是个毛躁的人，但在近期约会中，女方总会觉得他似乎毛毛躁躁的，但也很难具体描述出来，连续几位各个方面看都“比较合适”的女性都以“说不出”的理由婉拒了他。江先生一开始觉得只是因为工作太忙，直到在与一位颇有魅力的约会对象发生性关系前，他连续几次都会感到莫名的焦躁，甚至因此无法勃起，这才意识到好像确实“哪里出了问题”。

在一个雨天，广播里偶然放了首老歌，是之前江先生和妻子恋爱约会去 KTV[1] 时妻子常点的歌曲。江先生当时正在开车，听到后便开始克制不住地号啕大哭，他赶忙把车停在路边，直哭了两个多小时。

在那之后的咨询里，江先生终于承认，之前一直没有真正告别上一段关系，也没放下前妻。他在约会中那种浮躁的表现，包括性生活前的身体反应，也是源此而生。

在专门用一段时间去完成这个告别后，江先生终于顺利开始了一段新恋情。

如前文所述，无论离婚时闹得多么惨烈，当年走入关系时，我们都曾抱着对未来美好的憧憬，也都为这段关系付出了心血、时间、精力，抑或忍耐、承担，多数情况下也都和对方建立起了一定程度的依恋。所以，当我们告别“那个人”“那段关系”时，我们也在直面“曾经的愿望破灭了”“期许的未来不会来了”“付出的一切消散了”“熟悉的那个人走了，枕边空了”“在心里构想的故事停了”“一起搭建的花园荒废了”……

有位敏感而细腻的来访者向我描述说，这种感觉就像身体

[1] KTV 全称是 Karaoke TV，广义理解为卡拉 OK 并提供酒水服务的主营业为夜间的娱乐场。

被掏了个洞，生命的一部分被挖走了、死去了似的。这个形容非常精准，离婚给我们的心理冲击，就是这样一种生命意义上的丧失。因此，我们需要完成哀悼，给这段关系画上句号，而不是停留在逗号、叹号、问号、省略号。

这个过程的核心，是要看关系中是否还有未表达的情感，以及未实现也未放弃的愿望。如果有，我们需要用自己认可的方式完成相应的哀悼仪式，将这些情感抒发表达出来[1]，与那些注定无法在这段关系中实现的愿望郑重告别。

另外，有时离婚会冲击我们的自我认知，让“我不好”“我不值得被爱”“我被抛弃了”等创伤体验被强烈激活，进而陷入长期的自我贬损、自我矮化[2]。这时我们需要觉察这个过程中发生了什么（往往是陈旧创伤的激活），并在合适的时机修通这些创伤（有专业帮助最好），将这一已经发生的创伤体验转化为成长的契机。

---

1 一个相对简单通用的做法是写一封不一定要寄出的信，收信人既可以是前妻 / 前夫，也可以是过去的自己、过去的对方，等等。在信中把和这段关系有关的、和对方有关的想说没说的话、想做没做的事都写下来，无论是感恩或指责、正向的或负向的，都尽可能地不要遗漏。写好之后再想怎样处理这封信。

2 自我矮化：在一方抛弃另一方的叙事中，两人并不是对等的两个成年人——合适、情愿就一起生活，不合适、不情愿就分开——而是一个强者收养了一个弱者，一个大人收养了一个孩子。

亲密关系层面

与前任的良好分离，是建立下一段亲密关系[1]的重要基础。在离婚的当口，我们可能没有时间和精力去复盘这段亲密关系，甚至不能细想其中的是非曲直。而当一切尘埃落定后，单独划出一段时间，对这段亲密关系进行梳理同样是非常必要的：这段关系为何会开始，为何会结束；自己被什么吸引，又被什么伤害；那些伤我们最深的互动中，有哪些我们自己的因素在推波助澜；如果开始一段新的亲密关系，我们该如何避免掉入相似的坑里。

在真正完成告别之前[2]，对于开展新的亲密关系建议更为谨慎一些，避免用新的亲密关系填补孤独、逃离痛苦或是作为前任的替代品——为这些理由开始的亲密关系往往隐患诸多，甚至多数情况只是饮鸩止渴。

---

1 婚姻关系不是必需的，但拥有良好的亲密关系对身体健康、生活品质等都有非常强的积极影响。

2 一般而言，真正完成告别的状态是：谈起前尘过往，没有强烈的情感唤起（并且不是因为情感隔离），只是正常地谈论，余下淡淡痕迹，若在网络或现实中与对方相遇，也只若旧时故交，不会引起太大波澜。

在我们完成告别之后，准备进入新的亲密关系之前，不妨再翻回第三章，重新审视一下自己的内心：我期待在下段亲密关系中满足哪些需求，又愿意为此付出什么。抱着这两个问题的答案，去探寻另一个人关于这两个问题的答案，更容易找到匹配之人。

最后，除了等待老天赐予的“缘分”外，也不妨思考：如果这座城市（或全国、全世界）有100个符合我期待的人也正单身，我们最有可能通过什么方式找到对方、认识对方？又怎么让对方愿意同我开始一段新的亲密关系之旅？

你心中的答案，往往蕴含着之后如何收获幸福这一过程的隐喻。

第三方关系层面

与离婚有关的第三方，主要包括外人、父母和孩子。

外人

外人是处理起来最简单的一类，一般而言，只要你自己内部将离婚这件事情捋顺了，不拿有色眼镜看自己，就可以做到不卑不亢，既不回避，也不絮叨。面对外人一些热心但并不妥当的言论不至于被激怒，面对一些明显过界、冒犯指责的言论可以坦荡并坚定地回击——毕竟，你的婚姻是你的事，和他们无关。

父母

多数父母，无论离婚前态度如何，离婚后都可以渐渐接受现实。如果其子女在这一阶段需要帮助，他们大多也可以给予一定物质或生活上的支援。

但与此同时，有些父母会因为子女的离异而暂时忘记子女已经成年（有时子女自身也会忘记），甚至一些父母面对子女的离异心中还会有高兴的部分，因为这意味着子女再次回到其羽翼下、再次需要他/她。毫无疑问，这一心态会产生过界的言语与行为，包括肆意贬损子女、无休止地抱怨、未经邀请/许可便擅自安排相亲等。面对这些对边界的入侵，子女如果正“吃人嘴短”，加上离婚带来的伤口还在流血，就会格外难以招架这些父母过界带来的压力。

想要守住边界，我们应向父母再三、明确、言行合一地传递“我是个独立的成年人”“我为我的生活负责，你为你的生活负责”“我是我孩子的第一责任人”“你们帮忙我很感激，但我也做好了独自面对生活的准备与觉悟”等信息，避免内外夹击下退缩回原生家庭。

如果你的父母是吞噬性的、边界不清的，那么这一阶段对边界的坚守将会格外重要。长远看，只要这一阶段守住边界扛过去了，将来再次开展亲密关系时想扛住原生家庭过界的“侵蚀”就会容易很多，这也将是幸福生活的重要基础；反之，如果这一阶段妥协了，以后想要争取独立往往需要更大的付出。

孩子

有时孩子会不理解我们为什么离婚，进而可能会对我们的决定产生误解。这时我们要注意：真相会带来一些伤害，但谎言往往伤人更深。将真相以孩子的心智可接受的方式传递给他们，并陪伴他们度过接受真相的这段时期，是家长的任务。具体的谈论方式见下文“与孩子谈论离婚”一节。

对于部分家长而言，在这个阶段还会遇到一个新的困难：从前两个抚养人有所分工，一个唱红脸一个唱白脸，一个树立规则一个给予亲密，一个给予父性的爱一个给予母性的爱，现在两个任务都需要同一个人完成了，难免会顾此失彼，左右为难。这种状况下，需要明确一个现实：又当爹又当娘本来就很难，有做不到的时刻很正常。事实上，我们都给不了孩子完美的抚养环境，但只要尽力去理解孩子、支持孩子、爱孩子，孩子就可以茁壮成长了。

孩子的生长需要空气，但不需要吸纯氧。

与孩子谈论离婚

与孩子谈论离婚时，我们需要先接纳、处理孩子因父母离婚而产生的情绪，允许其充分表达，包括允许孩子用乖张、顽劣、哭闹等方式来表达。有时这非常困难，但又非常重要。

离婚是一件遗憾的事情，但这并不意味着你不能成为一个好妈妈或好爸爸。对孩子而言，很多伤害不是离婚本身造成的，而是对离婚的处理不当以及后续的抚养不当造成的。作为孩子身后坚强的存在，你可以做的比不能做的多得多。

一些孩子会在父母离异一段时间后出现某些行为异常，如易激惹、莫名地厌学、社会退缩、频繁受伤、小偷小摸等，这时父母不要慌乱，要把这视为一个孩子在压力下的正常反应，多去关心、了解、支持他 / 她，多一些讨论、理解、体谅。大多数情况下孩子可以平稳度过这个阶段，极少数情况下寻求专业帮助也不会太麻烦。

在处理好孩子情绪的同时，我们还需要依据孩子的年龄和心智发展水平来开展合适的对话，逐步告知他 / 她离婚一事的来龙去脉、后续影响，以及我们该如何看待。

面对不同年龄阶段的孩子

下文以一般情况下孩子的心智水平举例讨论，不同孩子个体差异很大，实践时要结合“我的孩子”的发展阶段，不要照本宣科。

前幼儿园阶段

孩子上幼儿园之前，一般用绘本、故事等象征法讲明白发生了什么即可，比如小猪佩奇的朋友苏西，虽然只跟妈妈生活在一起，但也有自己的朋友，也可以快乐健康地成长。

幼儿园阶段

到了幼儿园阶段，如果孩子问起，可以坦荡地告诉他 / 她：爸爸妈妈离婚了，不需要有所避讳。并且要确定地让孩子明确一个事实：父母**确实**分开了。同时要让他 / 她知道，父母分开不是他 / 她的错，也没有挽回的可能。这是非常重要的步骤，即破除孩子的幻想空间。虽然这可能会让孩子难过一阵子，但陪他/她哀悼度过这个阶段后，他/她就不会再试图持续付出努力，甚至在潜意识的驱动下用症状让父母复合了。

案例46

4岁的小明在父母离异后有一次意外摔伤了，由于母亲工作繁忙，早已离开家庭的父亲恰好有空，便来多照顾了小明一些日子。小明伤好后，父亲再次长时间消失在了他的生活中。在之后的两年中，本来很少受伤的小明开始频繁地受各种小伤。

由于这个阶段的孩子依然以自我中心为主，还不太能关心外界，所以一般而言，不用过早解释父母之前情感如何、谁对谁错，只要反复明确告诉他/她“我们都爱你”，就够了。过多唠叨细节，反而可能是因为父母想要处理自己的情绪。

小学阶段

到了小学阶段，孩子一般会开始关注人和人之间的关系，也开始发展跟内疚相关的心理功能，女孩可能会早些，男孩可能会晚些。这个阶段除了让他/她知道父母的爱之外，还需要特别强调："我们的这个决定和你没有任何关系，并不是你做错了什么。"

永远不要说"我们是为了你才离婚的""我们是为了你才不离婚的"或"我是为了你这辈子才过不好的"。可以说的是："爸爸妈妈曾经真诚相爱过，想一起生活，那是真的；但现在爸爸妈妈互相不爱了，不想一起生活了，这也是真的。所以我们就分开各自生活，但我们会用各自的方式继续爱你。"

中学阶段

从小学高年级到中学开始，家长可以视孩子的成熟程度，逐渐开诚布公地谈论当年的事，但要保持几个觉察：第一，自己是在陈述还是在宣泄情绪；第二，孩子是否想听；第三，孩子的理解是怎样的；第四，这会给孩子带来什么体验、感受，会让他 / 她有怎样的想法。

在谈论我们为何结婚、为何离婚的过程中，我们也在和孩子平等地交流人生观、世界观、感情观，为孩子展示我们决策、取舍的过程，和孩子一起探讨、理解成年人世界的复杂、矛盾，以及一些时候会不可得兼、要做取舍。与孩子探讨的过程，本身就是一份特别的成人礼。

当孩子不断问你“为什么”

一般情况下，我们建议永远不要让孩子参与父母的战争，不要让孩子成为攻击对方的武器，不要向孩子灌输对方有多坏，更不要向孩子宣泄自己对另一方的仇恨，比如说出“你和你爸一个样！就是想我死！”之类的话，毕竟对方也是孩子的“来处”之一，孩子对其可能有很复杂的情感。

这个道理很多父母都认可，但有一种特殊情况：另一方做的事情——特别是对孩子做的事情——极其恶劣。当孩子受了委屈，流着泪跑来问“爸爸是不是不爱我”“妈妈是不是不想要我”这类问题时，很多家长会不知所措。

这种情况并没有统一的答案，但有一些处理原则可供参考：多问，多听，少说；可以说事实、说想法，少下结论；不渲染事实，不回避事实；同时要注意区分前任伴侣的“差”是对我的，还是对孩子的。

在谈论这个问题时，很多时候孩子更需要的是安抚情绪，确认自己有同盟军，有人爱，有人在背后撑着；而不是要有人告诉他 / 她“你爹是恶棍”或“你妈不爱你”。因此，我们不用反复灌输我们的想法，多去问孩子怎么看、怎么想，做一个好听众、支持者，就够了。

当然，如果孩子的认识中有一些明显的谬误，我们也可以稍加点拨。比如对方做出的行为已极其恶劣，孩子跑来问你：“他/她是不是还是爱我的？”我们既不愿违心地回答“爱”，也担心直接说“不爱”孩子接受不了，这时可以问孩子：“你是不是很**期待**他/她还是爱你的？”这类问题本身就可以帮孩子将混淆在一起的现实与期待分开一些。而如果孩子给予肯定的答复，我们就可以继续共情说：“所以他/她那样那样做的时候你是不是很失望？”之后，对话就围绕着孩子的诉求、期待、情感、认知等进行下去了。如果谈到最后，孩子还是执着于“爱还是不爱”的问题，我们也可以坦然和孩子讨论，在他/她看来什么是爱、在你看来什么是爱，以及爱的意愿、爱的能力、为什么爱、为什么不爱等人生话题。这个谈话的过程远比结论重要，在经历了这番讨论之后，无论结论是“爱”或“不爱”（不用回避），孩子往往都可以相对顺畅、容易地接受。

如果家长觉得无法和孩子讨论这些话题，多数情况下是因为家长自己没想清楚，或心里还有没过的坎，在叙述“我们离婚了”“你爸不来看你”等问题时通常经不起连续5个以上“为什么”的追问。

相爱、适合、愿意就在一起，不爱了、不适合了、不愿意了就分开，我们做不了别人的主，没法用我们的预期来改造他人——这是许多问题最简单的答案。

总体而言，从拿到离婚判决，到生活重新稳定、步入正轨，到开展新的亲密关系，我们需要完成真正意义上的告别，让这段婚姻成为我们生命中一段有始有终的旅程。我们需要面对遗憾、面对失去、处理情绪、梳理过往、调整生活步入正轨、陪伴孩子度过动荡，同时我们也要“清出场地”，着手为新的生活、新的关系开挖地基。做好这个告别与奠基的过程，我们将更加独立、自信地把握自己的人生轨迹、生活状态，也能以更成熟、更有力量、“轻装上阵”的自我，去迎接下一段亲密关系。

尾　声

爱别离

很多年前，我在水木社区的离婚版遇到了几位很有想法的人。他们都经历过不幸的婚姻，也都凭自己的力量顽强地走了出来。之后，他们聚在一起，成立了一个小组织去帮助身边正处于离婚途中的人，组织的名字颇有深意：爱别离。

这是个有意思的“多关语”：佛家八苦之一；I Believe[1] 的谐音；对别离之爱；谈爱，谈分别，谈离婚；以及，若真爱，莫别离。

在咨询室中，每每讨论完了利害关系、内心冲突、早年

1　中文意思为“我相信”。

经历、相处模式、潜意识的影响、对未来的预期等诸多话题后，我都会问来访者最后一个，但也最重要的问题：你还爱他/她吗？

但其实，这也是最难说清的问题。

古人问世间情为何物问了千年，也不曾于那渺渺层云、千山暮雪中听到过放之四海而皆准的答案。毕竟，古往今来，“爱”一直是人类最伟大而又最难以解析的情感，权衡再多利弊，分析再多情结，也挡不住一句“可我还是爱他/她”抑或“可我不爱他/她了”。

所以，读完这本书，如果你还在犹豫着是否要离婚，也许也可以把书中所写都先放在一边，只是闭上眼睛，做个深呼吸，问问自己这个最简单质朴的问题：我还爱他/她吗？

你心里冒出的答案，涌起的感受，浮现的画面，将是你最重要的答案。